浙江省
国家级
质文化遗产

张山寨七七会

代表性传承人
口述史丛书

艺 主编

《胡文相》卷

王德洪 编著

浙江摄影出版社
全国百佳图书出版单位

浙江省国家级非物质文化遗产
代表性传承人口述史丛书编委会

主　　任：褚子育

副 主 任：叶　菁

编　　委：刘如文　张　雁　杨慧芳　方向明
　　　　　郭　艺　郑　重　林青松　吴延飞

主　　编：郭　艺

副 主 编：许林田

编　　审：陈顺水　林敏　郑金开

序　言

　　国家级非物质文化遗产代表性传承人抢救性记录是新时期非物质文化遗产保护的一项重要工作。自 2015 年起，国家级非物质文化遗产代表性传承人抢救性记录工程全面启动，针对非物质文化遗产代表性传承人，采用数字化多媒体等现代信息技术手段，进行人物访谈、传承实践、带徒教学的全方位记录，并对已有文献资料进行搜集，建立传承人专项数据库，将记录成果编纂成书。

　　国家级非物质文化遗产代表性传承人掌握着丰富的知识与精湛的技艺，是历史文化的重要承载者和传递者。代表性传承人所承载的精湛技艺、实践经验、文化记忆和传承能力，是非物质文化遗产传承发展的核心内容与动力来源。由于代表性传承人在非物质文化遗产传承中的核心作用与不可替代性，加之国家级代表性传承人普遍年事已高，对他们及其技艺的记录任务尤为紧迫。全面、真实、系统地记录国家级非物质文化遗产代表性传承人掌握的知识和技艺，不仅可保留中华优秀传统文化基因，也为后人研究、宣传、利用非物质文化遗产留下宝贵资料，对传承和弘扬传统文化、构建中华民族优秀传统文化传承体系具有重要意义，这是一项与时间赛跑的工作。

　　将抢救性记录中的口述访谈内容梳理转化成口述史，这是一项极为繁重的工作，不仅要保留口述真实的特点，还要强调语言文字的严谨。该套丛书是浙江在开展国家级非物质文化遗产代表性传承人抢救性记录工作的基础上，组织专家、专业人员撰写，在编纂过程中，既尊重传承人口述的真实性，又兼顾可读性，在不改变传承人原意的前提下对文字进行了部分调整。

　　该套丛书以传承人为单元，一人一书，单独成卷。从传承人第一人称口述的角度，记录国家级非物质文化遗产代表性传承人传承实践的丰富历程，讲述他们多彩的人生故事。该书还对传承人所属的项目进行介绍，从文化价值、存续状况、传承保护等方面叙述项目的基本情况，从生平事迹、学艺师承、授徒传承等角度阐述传承人的生平经历。丛书的重点定位在传承人的从艺经历、实践经验、传承状态等内容，此外，与传承人相关的人员分别从不同角度多层次地补充了传承人的经历。书中还附有传承人个人年表、文献图录等，提升了丛书的学术价值。

该套丛书由浙江省非物质文化遗产保护中心主持编纂，组织非物质文化遗产专家、文化学者、出版社编辑等讨论丛书的框架、体例、版式；丛书分卷作者用心编撰书稿，反复斟酌文字，不厌其烦地查阅资料、核对内容；代表性传承人及其家人也积极主动参与了丛书的编撰过程。各方的共同努力，终于促成了该套丛书的付梓。

我们相信，"浙江省国家级非物质文化遗产代表性传承人口述史丛书"能为非物质文化遗产保护工作者、研究者铺路搭桥，提供丰富、翔实、鲜活的第一手资料，同时也希望能让记录成果更好地发挥作用，让非物质文化遗产保护成果惠及大众，为社会共享。

丛书编委会

目　录

第一章 项目概况

一、历史沿革

存续于缙云县胡源、溶江一带[①]的"张山寨七七会"，俗称"献山庙会"，始于明朝万历二年（1574），流传至今。张山寨献山庙内供奉闽北、浙南一带民间传说中的女神英雄陈十四娘娘。庙会一年

胡村村和献山庙在胡源乡的位置

---

① 胡源、溶江一带：胡源乡由原来的胡村、桃源两乡合并而成；溶江乡由原来的雅江、溶溪合并而成。

三届①，其中一年一度的"七七庙会"最为热闹，仪式隆重，内容丰富，规模盛大。2009年6月，"张山寨七七会"被列入第三批浙江省非物质文化遗产代表性项目名录；2011年，被列入第三批国家级非物质文化遗产代表性项目名录。

当地民间相传，明洪武年间（1368—1398），陈十四追杀蛇妖路经缙云张山寨，救下胡源乡东山村张希顺幼子。张感恩戴德，献出山地，发动善男信女，集资建庙，塑陈十四金身供奉于内，故称"献山庙"。农历七月初七为陈十四娘娘诞日，百姓集于献山庙，举行会案活动，敬香祭祀，表演民间艺术。"张山寨七七会"因此得名。

张山寨地处缙云县县城东南约二十公里，属括苍山脉，地势险要，山路崎岖。胡源乡招序村、东山村和溶江乡岩坑村、石上村共有四条古道通往张山寨，是张山寨七七会活动所经之路。相传，北宋末年曾有强盗在此占山为王②，始有"山寨"之称。后官府派兵剿灭强盗，山寨地盘由胡源乡东山村张姓人交纳钱粮，故名"张山寨"。此名与后来的"献山庙"并用至今。

明嘉靖年间（1522—1566），献山庙扩建大殿上下厅各五间。明

《缙云县志》十六都图中的"献山庙"

---

① 张山寨每年除了七七庙会，还有元宵节迎灯庙会和下元节庙会。
② 据说在北宋末年驻扎过方腊起义的队伍。

万历三年（1575），下厅重修，扩建三层楼五间，在大殿前建戏台三个；泥塑面目狰狞的黄、袁两将分立正殿下厅大门前左右两厢，捍卫合殿神祇。

明朝万历中期，张山寨七七会大兴，参与乡村众多，而献山乃弹丸之地，庙会时常人满为患。为确保迎案有序进行，故确立该会实行主事村分点错时轮流迎案，此俗延续至今。每个点由周边多个村组成一个"案坛"。胡村点、雅江点参与七月七日大庙会；田洋点、章村点参与十月十五日大庙会。

胡村点的胡村、柘岙口、蛟坑、茶川、上坪、潜源六个村为轮值首事村，沿路头、北坑、下寮、吴山等村为参与村；雅江点由原雅江乡的雅江、石上、池岭、山坑、卢秋、大黄六个村组成，俗称"雅江六保"；田洋点由原溶溪、雅江两乡的田洋、新宅、溪根、岩坑、岭脚吴等村组成；章村点由胡源乡的章村、招序、东山、小黄坛村组成。

至清代，胡村点和雅江点常有"抢案"发生，即谁先到献山庙谁就有优先的表演权，并且表演的时间可以任意延长，后到的案队只好扎在边上当观众，轮到表演的时间也就很短了。因而"抢案"很紧张激烈，甚至还大打出手（尽管打得很激烈，但都不会出人命）。

后庙宇损毁，清道光四年（1824）重建。道光八年（1828），江绍淹募集资金续建；清朝咸丰九年（1859），以章村村与姓王村两村为首，在张山寨兴建翘角戏台一座。同治七年（1868），胡肇修等人捐资重修。胡村胡含宏独资造了三座戏台，铺设大殿前面的石板台阶，胡村乡贤题赠"敕封夫人"等许多牌匾。

中华人民共和国成立后，庙会活动断断续续，也没有按原来的规制进行。1965年"四清"运动时，该庙宇被拆，庙会活动中断。"文化大革命"后期，有热心人在原献山庙大殿上厅

《缙云县志》记载"献山庙"

的庙基上，因陋就简，用破竹簟搭建一个窝棚，摆设香案，善男信女在此拜祭陈十四娘娘。

1989年，献山庙被纳入仙都风景区，胡源乡人民政府出面牵头组建"献山庙管理委员会"。1991年，献山庙上厅落成。庙宇采用土木结构，鱼鳞瓦片和过渡性的大殿，显得简约古朴。东山人书写"张山寨"匾额一方，雅江人书写"献山庙"匾额一方，同时并列在上厅檐口下方的横梁上。两块匾额分别代表东山村和其他乡村对献山庙名称的不同的价值取向。

21世纪初，张山寨七七会开始恢复，胡村村对庙会组织进行改进：每年由村里50岁的人（不分男女）负责主持庙会事宜，再从中推选出一位能力和威望都相对较高的人担任总负责。后成立文化理事会，统筹村里庙会等文化工作。

2002年，政府斥资为献山庙架线通电，宣告献山庙无电历史的结束，促进庙会活动的发展。2011年7月，献山庙上厅开始拆建翻新，2012年12月完工。新上厅与下厅一样，梁柱采用水泥浇筑，盖琉璃瓦，飞龙抢珠造型的屋脊高耸，飞檐斗拱。庙宇高大宽敞，金碧辉煌，雕梁画栋，青龙蟠柱，彩凤绕梁，佛像生辉。合殿神像也采用香樟雕刻而成，显得神采飞扬，神情自若。献山庙成为邻近省地市善男信女和游客朝拜旅游圣地。从此，张山寨七七会也年年持续举行。

现在张山寨七七会都由政府予以协调，不存在争抢了，没有了竞争；以前案队路过的村庄，必定要进行表演，现在都是坐车上山了；以前人们大多在家，参加的积极性很高，庙会期间都赶回来，现在青壮年大多在外，有些也不回来参加了；等等。现在的张山寨七七会因为大环境的改变，少了一些原汁原味的东西。但是，庙会的内容却因此得到了极大的补充。解放前有罗汉、三十六行、十八狐狸、大莲花等，且参加人员一律为男性，甚至连看戏都是男女分坐。解放后增加了秧歌等，女人开始参加庙会。改革开放后，沿路头村组建了女子罗汉队，效果非常好。此外，现在还增加了花篮舞、腰鼓舞、纸扇舞、铜钿棍等节目。

二、表现形式与特征

"张山寨七七会"，是以陈十四娘娘信俗为内涵，以张山寨献山庙为依托，于农历七月初七陈十四诞日前后举行会亲迎神的民俗活动。其主要仪式有设立案坛、上寨迎轿、巡游祈福、案前献戏、山寨

七七庙会现场

守夜、会案表演、祭拜归位、交接案旗等。

农历七月初三，七七会参与村在本村出红台，一般设在本村的主要街道，即设立案坛。每个点设一个案坛，各首事村轮流做案坛，周而复始。各点的主要村大多建有"娘娘宫"，作为陈十四娘娘的行宫。同坛的几个首事村轮流担任首事，负责协调筹备相关庙会活动。每年轮值的首事村要负责组织接送娘娘和演戏等工作。案坛设立后，便上张山寨献山庙恭迎陈十四娘娘到本村的本保殿，即上寨迎轿。

七月初五日，同案坛村于主事村娘娘宫前进行"会案"，并举行迎神表演；每队表演后，向娘娘宫跪拜，燃放鞭炮，敲锣打鼓，由8人扛抬陈十四娘娘座轿，各案队随其后，在案坛内诸村依次巡游祈福。与此同时，轮值村请戏班演戏，连续演出3—7天，演出剧目以男女爱情题材为主。

七月初六夜晚，当地陈十四娘娘信众上张山寨安营扎寨，进香许愿，求签祈福，甚者夜宿献山庙。年轻男女对唱山歌，传递爱情。

七月初七清晨，参加"会案"者四更起伙，五更出发，先聚集于各自案坛"娘娘宫"前，列队等候。"罗汉队"在前，环形排列，头领以口令指挥，刀、叉、棍、棒一齐顿地，朝"娘娘宫"跪拜陈十四娘娘。然后，鞭炮、锣鼓、号角齐鸣，列队上献山庙。无论是本村的出红台、同坛会案，还是七七庙会正日，表演的形式都一样。迎案队伍一般顺序为：案头牌（万岁牌）、案头旗、彩旗若干、先锋号、大锣开道，后跟罗汉队、三十六行、大莲花队、长幡队、十八狐狸队、秧歌队等；后来增添铜钿棍、腰鼓队、纸扇舞、花篮舞等队，边行路边表演。最后，按迎接时的仪式，陈十四娘娘座轿起轿，随同案队迎案。案队前后均有锣鼓队或乐队。罗汉队和三十六行还有几人专门敲打大锣。

黎明前，会案队到达张山寨山脚。按历例规定，以先登张山寨岭头，并于岔路口插立案旗者为胜，胜者先进山寨占中心位置进行表演和祭拜。于是火铳轰响，喇叭长鸣，"哦嗬"声连天，摇旗呐喊，冲锋而上，场面热烈紧张。

至张山寨后，各案队按先后顺序在献山庙前绕圈摆阵，献艺表演，绝技竞呈，各显神通。尤以迎罗汉表演最为精彩，其次是三十六行、大莲花、铜钿棍、花篮舞等。观者如潮，喝彩之声，此起彼伏。此时庙会进入高潮。

表演结束后，案坛主事村各自扛抬娘娘座轿，送陈十四娘娘回献山庙。最后，进行案旗交接。

"张山寨七七会"具有诸多特征，主要特征有：

群众参与的广泛性。庙会期间，参与的人数众多，地域十分广泛。胡源等当地民众几乎人人参与，不是参加案队，就是充当观众或在家接待宾朋，没有空闲之人。此外，还有其他省的民众前来参与，人数达数万之众。其时，献山庙周围的四条陡峭的古道上，行人如织，

《东山章氏宗谱》记载的"献山庙图"

络绎不绝。献山庙前人潮涌动，熙熙攘攘，人声鼎沸，摩肩接踵，举袂成阴，把大殿挤得水泄不通。

文艺表演的特色性。献山庙会是根植于民间文化土壤的一朵奇葩，是民间草根文化的积淀与传播，宗教艺术与世俗艺术共放异彩；集中了当地特色民间艺术，是一场群众性的文化娱乐活动。尤其是案队的精湛表演，尽显民间特色，尽展民间艺人的风采，把一股股浓浓的乡土人情味传递给流连忘返的人群。多种民间艺术的交融，体现了独特浓郁的地方文化色彩。

组织工作的严密性。庙会组织非常严密，遵循古例，采用分坛、分村点组织活动。设立首事村点，轮流策划、组织、指挥、协调各村点的庙会活动。活动的一切事宜，均由爱好庙会活动的民间人士或按一定的条件和次序轮流组织。这些组织者信仰坚定，公正无私，事业心强，办事执着，无偿奉献，其中大多是庙会文化的行家里手。他们人尽其才，分工明确，配合默契，各司其职，各负其责，工作开展得有声有色，有条不紊。对庙会活动的开销，也采取两种途径解决：一

是建立"娘娘会"①，设立基金，每年以利息开支；二是筹款，俗称"捐丁银"。

庙会活动的自发性。庙会活动无须行政组织，无须支付报酬，均由民间自发组织，自愿相邀，自觉参加，自筹资金，自设体例，自备道具，自承传统，自行管理，自我约束，自娱自乐。充分体现了民众的祈福消灾、向善爱乡、娱乐消遣、团结互助的愿望。

三、传承与发展情况

张山寨七七会在胡源、溶江的这块土地上代代传承，经久不衰。凡参与庙会的村点，几乎每位村民都参与了庙会活动。他们从小耳濡目染，身体力行。长者言传身教，后辈心领神会。

中华人民共和国成立后，庙会活动曾一度停止，特别是"文化大革命"时期，足足断了一代人，以致人才青黄不接，后继乏人，因而庙会的有些内容已经失传。改革开放后，当地年轻男女大多外出务工，庙会参与者以在家的中老年人为主，加上举办庙会需要一定的经费，因而"张山寨七七会"这一民俗事项的传承在新时期面临新的问题。

"浙江省重点民间信仰活动场所"牌匾

---

① 娘娘会：专门为迎陈十四娘娘成立的组织，类似于今天文化志愿者协会，负责管理和筹集资金。

胡文相指导学生

　　2005 年中国非物质文化遗产保护工程实施后，缙云县文化部门进行"张山寨七七会"民俗事项调查，开展该项民俗文化研究。胡源、溶江"张山寨七七会"各村点采取了许多促进其传承发展的措施。如胡村村成立"张山寨七七会"文化研究会和文化志愿者协会，主要负责研究和指导迎案工作；着意培养胡笃申（市级罗汉传承人）、胡锁官、胡怀波等一大批传承骨干；并将以前庙会费用靠募捐改为由村里 50 岁的人负责出资和筹资，使庙会得以顺利进行。尤其是沿路头村，他们在原庙会案队的基础上进行了大胆创新，最典型的就是允许女子参加罗汉队。沿路头的女子罗汉队小有名气，极具特色。女子叠罗汉成为一年一度七七庙会中的压轴节目。该女子罗汉队多次参加省、市、县组织的大型文化展示展演活动，尽展巾帼风采，成绩骄人，得到社会各界的普遍好评。2017—2018 年间，该女子罗汉队先后四次登上央视的舞台，并分别在全国乡村春晚启动仪式《亿万农民的笑声——2018 全国农民新春联欢会》《中国影像方志·浙江缙云篇》《丰收中国》等节目中精彩亮相。中央电视台科教频道《探索·发现》栏目组专程到胡源乡抢救性拍摄国家级非遗项目"张

罗汉阵现场教学

山寨七七会"和"迎罗汉"等纪录片，其中相当部分为女子罗汉队的内容。

此外，"张山寨七七会"民俗相关内容还在学校进行传承发展。胡源乡胡村小学坐落在七七庙会的主事村——胡村村，这里有着深厚的庙会根基，散发着浓郁的庙会文化氛围。利用庙会这一载体，让学生了解"献山庙会"的有关传说、历史沿革等，使学生从中学到知识，得到教育，受到浓厚的家乡文化的熏陶，并使之为家乡有如此深厚的地方文化资源而感到自豪，激发他们热爱家乡、热爱地方文化的情感。几乎所有的在校学生都参加过庙会，并且半数以上的学生参加了案队。他们耳濡目染，对庙会文化有着浓厚的兴趣，掌握了许多表演知识和套路。学校作为庙会文化的传承基地，为继承和弘扬庙会文化打下基础。该学校从 2011 年开始，就把秧歌作为大课间活动的主要内容。胡村村的文艺爱好者还专门为学生的秧歌配制了秧歌乐曲。活动开展得有声有色。学生秧歌队多次参加乡里和村里的各种庆典活动，有关部门曾专门来校录过像。

学校除在校内组织活动外，还鼓励学生更多地就近在村里参与庙会活动，并尽可能参加案队。女同学一般参加秧歌队、大莲花；男同学一般参加罗汉队、三十六行等。

从 2013 年开始，该学校又把罗汉队作为传承项目之一。在高年级学生中挑选队员。在体育课或课余时间，专门聘请村里的罗汉传承人进校传技授艺。学校专门为表演队购置了专用服装和刀枪棍棒等道具。曾去附近几个村表演，获得广泛好评。2014 年，该校学生罗汉队参加缙云县中小学田径运动会开幕式表演，并得了奖。

2014 年，当地爱好民俗研究的陈喜和老师，通过深入民间，多方采访，收集整理"张山寨七七会"资料，写出五万多字的专著《张山寨七七会》，2015 年夏由现代出版社正式出版，图文并茂，是迄今有关"张山寨七七会"最完整的资料版本，成为传承发展该庙会的重要历史资料。

第二章　人物小传

胡文相，男，汉族，1931年6月18日出生于缙云县胡源乡胡村村。2019年7月26日去世。

胡文相父母均为农民，生有三子，他是老二。他出生时，家境贫寒，吃了上顿没下顿，母亲经常提着箩筶^①去借粮食。父亲靠帮人家担碗、担柑橘、担毛边纸等苦力活以维持一家生活。他读小学三年级后辍学在家务农，以打柴、放羊度日。二十岁那年，胡文相去龙泉，开始为龙泉县林业局食堂炊事员，负责烧饭，后去龙泉林场食堂烧饭，还做过养路工等。1960年，因父母在老家领不到食堂的羹票^②而回到胡村。三十五岁结婚，生育一子二女。由于家里生活困难，曾带着全家去永康、武义等地要饭，造成三个子女初中都差一个学期而没有毕业。

胡文相肖像

胡文相从小对"张山寨七七会"活动兴趣浓厚，十岁起跟随村里大人参加庙会仪式活动，随当时的庙会首事胡恭才等学习多种民间表演技艺。从1978年开始，他一直担任胡村点首事，每年都积极参与"张山寨七七会"的筹备和组织工作。经多年实践，积累了丰富的经验，熟悉明代初年确立的"张山寨七七会"活动例规。同时，还掌握了迎罗汉、三十六行、大莲花、长幡、十八狐狸等迎神赛会民间表演技艺。每年利用农闲时间，不计报酬，全身心投入筹备、组织庙会的各项工作，每年要组织十余支表演队伍，废寝忘食地发动和指导村民参加"张山寨七七会"各个迎案表演队的训练活动。在七七庙会前两天，还要组织

---

① 箩筶：指一种方形的盛米面的篾器。
② 羹票：指大办食堂时期，一种兑换食物的凭证。

胡文相在族谱中的记载　　　晚年的胡文相

胡村点各村案队的"会案"，同时还要指导如何制作活动道具等等。除本村外，还分别指导周边的柘岙口、沿路头、茶川等村开展传统民间游艺展演展示活动[①]，对各村在迎案中出现的问题进行协调，使"七七会"的仪式和"迎案"表演得以顺利进行，在传承原生态活动习俗等方面做出了重要贡献，在民众中树立了一定的威信，得到各村群众的广泛好评。

2010年后，他年事渐高，但仍不遗余力，为传承和发扬传统民俗文化而努力做贡献。除做好"七七会"活动的组织工作外，还热心做好民间表演技艺的传承工作。通过他的传授和指导，许多庙会爱好者现已成为传承该活动的骨干。据初步统计，接受他指导和培训的村民、学生人数达千人，使七七庙会后继有人，为"七七会"传承发展做出了较大贡献。同时积极配合有关部门，搜集"张山寨七七会"活动相关资料，做好该项目的非遗名录申报等工作。

2009年9月，胡文相被浙江省文化厅认定为浙江省非物质文化遗产代表性项目"张山寨七七会"省级代表性传承人；2011年初，胡文相被评为缙云县2010年度非物质文化遗产保护工作优秀代表性传承人；2012年12月，胡文相被文化部认定为国家级非物质文化遗产代表性项目"张山寨七七会"国家级代表性传承人。

---

① 游艺展演展示活动：即本案坛的会案活动。

第三章　口述访谈

访谈时间： 2017 年 8 月 21 日至 30 日

访谈地点： 丽水市缙云县胡源乡胡村村胡文相老师家中等地

受访者： 张三寨七七会国家级非物质文化遗产代表性传承人胡文相等

采访者： 缙云县非物质文化遗产保护中心陈喜和

一、人生坎坷迷迎案

采访者： 胡老师，您好，今天我们对国家级非物质文化遗产代表性传承人进行抢救性记录采访，请您详细谈谈您的身世和生活经历。

胡文相： 我是 1931 年 6 月出生在胡源乡 ① 胡村村，兄弟三个，一个哥哥，一个弟弟，没有姐妹。中华人民共和国成立前，全家只有

采访胡文相

---

① 胡源乡：曾称"盘溪乡"。

50 把①田，年年都是青黄不接。因家境贫寒，靠父亲干些苦力活，如帮人家担碗、担柑橘、为学校担毛边纸，担到安仁、仙居那边去，后来我也跟着担，挣点脚力钱，维持生活。我读过三年小学，后在家务农，以打柴、放羊度日。十岁起，在胡恭才他们的引导下，每年参与"张山寨七七会"表演活动。从1978年开始至今，是每年"张山寨七七会"活动主要组织者。

中华人民共和国成立初期，在我二十岁的时候，由于生活仍然贫困，我就到龙泉去，在林业部门干活。在龙泉养过路、烧过饭，茶树也栽过，很多事情都做过。在我去之前，龙泉林业局还没有建立，我去的时候才建立，那时林业局干部还不多。林业局主任、书记要我给工人烧饭，后来再给林场烧饭，有多少人吃饭我忘记了。在养路期间，有个人去世，尸体都是我帮忙拉出去，连夜下葬，许多差事都是我干的。

1960年，刚好是"大跃进"时期，村里开办食堂，我父母老了，没有去参加集体劳动，村里就不给他们发羹票，我知道情况后，才被迫回到家乡。如果羹票发给他们，我就不回来了，如果留在那里，我现在起码有三千多元一个月了，现在（回来）只有五百元。那时的大队党支部书记胡德法，要求我人回来，国家的一切东西都不要带，只要一个人回来就行，如我崭新的蓑衣都不要了，真是一个人回来。我来到龙泉县城，住在龙泉县旅馆，在旅馆起床洗脸的时候，刚好碰到我们林场的书记也在洗脸。因我是偷偷出来，就马上躲到隐蔽的地方，如果不躲避，就会被他拉回去的。之前林场书记劝我说："你莫回去，要下放了，下放的名额已给你了（下放待遇不同）。"我如果听他的话，现在也有三千多块一个月呢。他们叫我在那边讨个老婆，父母都迁到那边去。当时有个对象是地主的女儿，生得很漂亮，我不敢要，她家有三厅屋，我如娶她，还真管不了。我三十岁从龙泉回来。我有个姑姑在山坑村，我三十五岁那年，年龄比较大了，她帮我说合，不论好差娶了个妻子来。

尽管妻子不是很出色，感情还是很好的。生有两个女儿，一个儿子，他们现在都成家立业了，对我都很好。经常买东西来给我吃，给我钱用。就是有点对不起他们，由于当时生活困难，孩子带得很辛苦，他（指儿子）最小，都是大女儿抱他的，他妈很木讷，人也很

---

① 把：一把秧所插的面积，约80把为一亩。

矮，都是大女儿把弟弟带大的。供不起他们读书，三个子女都是初中差一个学期没有毕业。

2006年正月，胡村村下面有一座大桥殿，佛（神）像塑起来，都是我去上灯。妻子临终前我们两个人还是共睡一张床，她叫我莫去上灯，灯让别人去上。我以为很敬佛（神），她就不会死去。第三天我委托几个朋友去上灯，那晚十二点钟，她就去世了，这还有什么办法呢？

20世纪70年代初的时候，我一天从早到晚参加生产劳动，由于欠生产队钱①，他们番薯一个也不分给我，其他粮食也不分给我。那时家里养着几只羊，我冒着酷暑去永康割稻，挣点钱物，勉强过活。很多时候，都是妻子一顿才吃了，我就提着篮子去借下顿的粮食，炒菜的油也都没有。后来，实在过不下去了，上坪的一个朋友提醒我说："你把家里人带去讨饭，才不会饿死。"我才带着家人去讨饭，实在没有办法，也不觉得害羞。这样，我带着家人到丽水、永康、武义讨饭，两三年后回来。后来我还做过很多事情哩，去遂昌做电站，我做的工作主要是筛黄沙，做龙泉地岙水电站（所需）的黄沙也都是我参加筛的，我干这些事很内行。

后来别人把余粮划给我②，田地再分来。好的田地他们都分了，生产队把鸡嘴下③的田分给我，种谷种不来。我就用来种茭白，茭白种起来都斤把一支、半斤一支。后来换给人家造房子，还补贴我一些钱。想不到后来我的田最好，他们都眼红我了。

钞票以前没有来路，后来林业局那边有文件下来，当时潜源有一个朋友对我说，龙泉林场那边有钞票发，他们翻出档案，户口还真在那边，党团员、工会关系也还在那里。本乡东山村余正④他们帮忙，我去办来林场的几百元补助。

采访者：刚才谈的是您的家庭情况，下面请您谈谈"文化大革命"中，献山庙和胡村娘娘宫是怎样被拆毁的，又是什么时候恢复庙会的？

胡文相："文化大革命"中，献山庙被拆除了。三层楼是章村大队（村）拆去，后来做了学校呢。献山庙的大殿和那些石板台阶被

---

① 集体化时期的一种核算方式，把劳动力、肥料等投入生产队所得的价值小于产品分配折价的价值，称之为缺粮，余粮则与之相反。
② 指余粮与缺粮抵消，日后再把钱给对方。
③ 指房屋边，容易遭鸡鸭糟蹋。
④ 人名。

雅江公社雅江大队拆去，建造了大会堂。

在拆胡村娘娘宫的时候，我自己守在那里，不让拆。当我离开娘娘宫，走到水路头那个地方，他们就把娘娘宫拆掉了①，真没办法。

"文化大革命"结束之后开始恢复迎案。我家里的那些迎案道具都是藏在阁楼上的，恢复迎案后，把阁楼上的迎案道具都拿下来，装配修理完整。当年"娘娘轿"是被

胡文相被评为县级优秀代表性传承人

人烧掉的，我听说那座"娘娘轿"是全乡第一好。后来哪年置办回去，我不在家，没有参加，就不知道了。后来，胡村娘娘宫的那些设施都叫我配回去，有人还捐了一些款。

胡村是迎案大村，我小的时候，村里每年都要举办隆重的七七庙会。亲眼看他们迎案，亲耳听那些迎案乐器打击的声音，后来又跟随胡恭才等人学习，并参加了案队，学了不少迎案的知识和套路。二十岁去龙泉，三十岁回胡村，不久是"文化大革命"，后来基本上没有参加过多少庙会。我真正恢复参加组织庙会是改革开放以后的1982年。当时虽然政策放宽，但还不允许公开迎案。当时我们把一尊大亲娘②的神像偷偷地藏在本保殿。我们乡抬着大亲娘去迎案，讲了许多好话，才勉强同意。胡村开始迎，雅江乡他们也开始迎了。

采访者：您在恢复迎案后，具体做了哪些工作，怎么做的？

胡文相：在恢复迎案后，村里的案队都是我组织迎的。沿路头、柘岙口、茶川村三个村的通知，比如各村什么时候接娘娘，什么时候会案，什么时候上寨等等，都是我自己买了红纸叫别人写好，我亲自送去。迎案是为佛（神），不是为官。初七到张山寨去，都是我打着锣在胡村村里转一圈通知，叫他们起来烧饭，几点集中，几点出发等等。初三出红台，头天晚上就要打锣通知；初五日会案，初四晚上便打锣；初七上献山庙，初六晚上就要打锣。特别是近年来，经常来拍电视，不单单是要求本村人要早一些，还要通知柘岙口、茶川、沿路

---

① 拆掉的是一些设施和神像等，房屋没有拆，后来成了大队炒茶叶的地方。
② 大亲娘：当地人对陈十四娘娘的昵称。

胡文相动员村民参加庙会

头村，要求他们也要早一些，我就打锣通知。后来我们村都是用村里的广播通知了。乡文化员是我们自己村里的人，什么单位或什么人要来拍电视都与我讲，由我通知各村都要早些，他们也都很早来的。

接娘娘一般都是夜里两点钟去，六点钟回来了，这样比较凉快。抬娘娘轿要选哪几个人都是我决定的，都是要老手抬，怕新手抬会把娘娘轿弄坏。有次新手抬，从小路经过潜源，到招序村时，把娘娘轿给碰坏了。所以以后都是选几个老手抬。迎龙也都是他们几个人抬龙头，新手也要慢慢地培养，不然的话，以后就没有人了。今年①，其他的村把娘娘先接到胡村娘娘宫，然后再接回他们自己的村里去。以前茶川村是在潜源村那个地方就分接回去了。

有好几年，迎案的经费不足，都是我不厌其烦，挨家挨户地去募捐，有钱捐钱，有物捐物。听了很多的怨言，受了很多的气。为了能顺利地迎案，为了大亲娘，我都忍了，心里感到踏实。

现在年纪大了，耳朵又聋，虽然今年的案有点热闹，比以前好，我也没有去看过，献山庙更走不上去了，什么事情都不去管了，我可以退休下来好好休息了。腿脚也不好，很少走出去，都在家里嬉嬉。

---

① 指 2017 年。

胡文相现场指导（罗汉棍）

采访者：您身怀绝技，是怎样把自己的本事传授给下一代的？

胡文相：我是庙会的主要组织人，也是多种民间艺术的主要传播人。但靠我一个人肯定举办不了庙会，更不要说我年纪渐渐大了，所以我在改革开放后，从重新举办庙会的时候起，就有意培养徒弟了，总共培养学徒五十余人，把庙会组织和各种民间表演的诀窍毫无保留地传授给下一代弟子。其中胡笃申、胡锁官、胡喜强、胡土芳等徒弟已经达到很高的层次了，成为后来举办庙会的骨干，使张山寨七七会民俗活动得到传承。

我们村好多人都是迎案的积极分子，如胡春明啊，以前像胡景熙啊，胡德旺他们，都很积极地把案组织起来。德旺现在年纪很大了，八十几了，他是有迎案就来。迎案是每一班案都有个人负责的。现在培养胡笃申负责迎罗汉，他现在是省级传承人了；其他散碎①的案都是由锁官负责，大莲花也是锁官亲自教的；三十六行是定海老婆负责去动员登记，金城、笃申等人负责教练。

我还去胡村小学，指导小学生排练迎案，传授迎案知识。

采访者：您除了组织七七庙会外，还参加了哪些组织活动？得

---

① 零碎的意思。

了哪些荣誉称号？

胡文相：除了七七庙会，主要是组织迎龙灯。有一年，由胡子俊相帮动员起来迎龙灯，胡恭才培养我负责组织迎龙灯一切事情，村里组织了三百栋（节）龙灯，在庙会前两个月就开始糊龙灯。我一连忙了几个月，砍了毛竹做骨架，再用纸糊龙灯，糊龙灯用的那些麦面糊都是我在家里做好无偿拿去。现在胡村会糊龙灯的几个人都很老了，如不及时抢救，糊龙灯的技术就要断绝了。

龙灯还迎到县（城）里去。开始，在县城工作的胡村人胡子轩，不让我们迎进去，结果胡村人的龙（灯）迎得很好（好看、技术好、不惹事），也任凭我们迎进去了。子轩说，如果早知道是这样，开始就让我们迎了，当时怕引起混乱甚至打架，不安全。迎龙灯用的那些蜡烛都是我管理的，市民们把龙灯上燃烧的蜡烛一支一支地拿（换）去，图个吉利。纷纷说："你那些（龙身里点着的）蜡烛给我一支吧！"为了迎龙顺利，都满足他们的愿望，任凭他们怎么拿，当时我们带去很多大蜡烛。

每年"张山寨七七庙会"我都要去组织，还要负责组织其他的一些活动，我所做的这一切，都是义务的，工夫倒贴了不算，有时还要倒贴钱财和东西，还要听一些闲言碎语，但自己还是感觉很快乐。这样才算敬佛（神）呢！如都为了钞票，还算是敬佛（神）吗？

2009年9月，我被省文化厅认定为"张山寨七七会"省级代表性传承人，2011年被文化部认定为第三批国家级非物质文化遗产代表性项目"张山寨七七会"国家级代表性传承人，也是目前我县唯一的国家级代表性传承人。我为献山庙会做出自己的应有贡献，相关部门也给了我很高的荣誉，中央电视台都给我报道出来了。

省级代表性传承人证书

二、庙会盛行赖俗信

采访者：胡老师，从万历二年开始举办张山寨七七庙会一直到现在，经久不衰，您认为主要有哪些原因？

胡文相：胡源、溶江两乡村民是参与献山庙会活动的主要力量，其他乡镇只是时不时地零星参加。由于这两个乡地处偏远的山区，交通不便，乡民与外界接触较少，商业意识和市场观念都很淡薄，很少外出经商。特别在旧时，耕地面积少，土地贫瘠，一年到头三百六十五天，不论天晴或下雨，都辛辛苦苦地在田地里劳动，所收的粮食还是不够吃。如遇到大旱等自然灾害，就更加困难了。其他农业经济又得不到发展，相当多的人只能外出挣一点苦力钱。所以，这些地方处于封闭落后的状态。缙云有句古话，"毛楂① 当早稻，刀枷② 当缠绞③，蓑衣当棉袄"，这正是当年胡源、溶江两乡民众生活的真实情况。在闭塞落后的生产生活条件下，贫困无助的人们面对各种自然灾害，面对缺衣少食的困难条件，面对无法医治的病痛，他们为了家庭，为了村落的生存和自身的生活，没有别的更好的办法，只得求助于神灵：祈求风调雨顺，五谷丰登；祈求人丁兴旺，四季平安；祈求灾祸远去，福禄降临；祈求疾病消失，健康长寿！人们普遍认为神灵有着强大的法力，没有办不到的事，所以总是希望通过对神灵恭敬的祈求，获得巨大的安全感和心理寄托。过去曾流行一句话，"靠娘娘吃饭，抱④ 娘娘穿衣"，讲的就是这个道理。

旧时，人们想当然地认为，神灵也像人一样，喜欢热闹，喜欢各种形式的娱乐活动。所以，在举办庙会时，通过最原始的娱乐方

上香祈福

---

① 毛楂：指山楂。
② 刀枷：指上山砍柴割草等，绑在腰上的刀架。
③ 缠绞：后背绑孩子的软布。
④ 抱：依靠的意思。

式——音乐和舞蹈来使神灵高兴。人们就用罗汉啊，三十六行啊，还有十八狐狸啊，大莲花啊，等等，这些精彩的节目，让神灵看看听听，使他们高兴高兴，神灵高兴了，就会给人带来好运。人与神的交流，可以使民众在神灵的安慰下得到心灵的快乐，紧张的神经得到了充分的放松，心理上得到了极大的满足。现实生活中的各种疑难问题，在这里都会得到化解，精神上也得到了寄托和安慰。民众正是以庙会作为与神灵交流的平台，达到向神诉说、与神交流的目的。他们觉得在与神共处的时间和空间里，所有的言论和行动都无拘无束，人们的一切权利和要求都受到神灵的保护而获得充分的自由。

因此，可以这样说，庙会全面地满足了民众日常生活中最重要的祈福去灾的心理需求和愿望，这是庙会得以盛行的最基本条件，也是庙会得以长期盛行的根本原因。因而庙会这种民俗文化在社会不断进步中仍得以传承和发展。

随着生活水平和文化水平的极大提高，人们仍然积极地参加迎案活动，那是信仰文化延续成一种惯例了，是作为一种非物质文化传承了。

三、七七庙会有仪规

采访者：献山庙会已经举办几百年了，主要有哪些仪规？

胡文相：张山寨七七会仪程和仪式主要有这么几个：建立组织、恭请娘娘、街巷讲宣、同坛巡演、会案献技、会演斗艺、娘娘归位、案旗交接等。

采访者：下面就请您具体谈谈这些仪程和仪式的操作方法和具体的内容。

胡文相：好的，我就按这个次序讲一讲。

首先是建立组织。举办庙会首先要建立组织。献山庙会分点错时轮流迎案，这个习俗一直延续到现在。每个点由周边多个村组成一个"案坛"，每个案坛的主要村大多建有"娘娘宫"，作为陈十四娘娘的行宫。同坛的几个"首事村"轮流担任首事，负责协调筹备庙会的相关活动。每年轮值的首事村要负责组织接送娘娘、举办庙会和演戏等工作，开销巨大，即便不是首事村，迎案也需各种开支。为解决经费问题，旧时有两种办法：一是建立"娘娘会"，建立基金，每年用利息开支；二是摊派筹款，俗称"捐丁银"。

每个村每年有负责捐丁银和迎案事宜的人，土话叫作"头"，头是按照一定的条件和次序产生的。在大的村里，每房[1]里每年都有一个人轮到做小头，这些小头叫"散头"，这种方法叫轮房。在众多的散头里[2]，又以轮流的方式产生一位总头，那位总头就叫作"值年头"，也叫"首事"。会案那一天呢，轮值村的值年头要烧一桌饭菜，招待抬大亲娘和领香灯的外村人。这些领灯的人一般也是参与村的头，要叫他们吃中饭。做值年头的人，工作并不轻松，除工作忙碌外，在经济上还需格外小心。如果能力差，不善于管理，账目不清，容易被别人算计[3]，有些人最后只得卖田卖地补偿亏空。

旧时，"捐丁银"就是按人口摊派的钱，都是由散头负责在本房里筹集，然后上交给值年头。有些人家实在拿不出钱来，就事先讲好，以抬戏箱之类的劳务替代，也可以出一只鸡，以折成钱币抵销。胡村住在外村的人丁，如住高山、山西鸟的那些胡村人，也要捐丁银，但只需捐胡村本村人的一半就行。还有一种筹款的方式就是设立基金组织"娘娘会"。娘娘会的基金来自上年庙会的结余，或财主人家、乡贤的捐资，或村里的集体收入[4]，等等。把钱存入钱庄或借贷给村人，每年本钱不动，以利息支付部分开支。

中华人民共和国成立以后，庙会活动受到限制，即便组织迎案，

胡文相与村干部研究庙会事宜

---

① 指村里宗族的一派。
② 胡村以前有十来个，小的村少一些。
③ 如别人浑水摸鱼，在商店里拿了货物要你埋单。
④ 如山林等。

也基本没有按照以前的惯例操作，组织者大多是村里的积极分子，所需费用也大多以自愿捐献为主。21世纪初，胡村村对庙会组织进行了改革：每年由村里五十岁的人（不分男女）负责庙会事宜，再从中推选出一位能力和威望都相对较高的人担任总负责。因这个年龄段的人老成持重，有经验，有担当，比较合适。他们最主要的职责是筹款，他们自己每人无条件先捐资五百元，每位村民捐资五元，不足部分，由他们自己平摊或想其他办法。每年轮到的人积极性都很高，如果款筹多了，可以加演几夜戏，自己感到自豪，也赢得大家的称赞。有些在外的五十岁人，如不按时回家履行职责，则要出一定的钱币，委托在家的同龄人完成。

为了加强庙会活动组织，胡村村现在已经成立了以胡锁官、胡金枝为首的文化理事会，还组织了村文化志愿者协会，统筹村里的文化工作，其中，庙会是重要内容之一。

第二是恭请娘娘。每年六月初开始，轮值首事村要在七月初三前，拣择黄道吉日 ①，并以红纸写的请帖向同案坛的所有村发出邀请，相约去献山庙，由轮值村主导，模仿古代皇帝出巡的隆重仪式，组织全副仪仗，到献山庙恭迎陈十四娘娘。接娘娘的人数没有明确的规定，视实际情况可多可少。具体时间也没有明确规定，如七月七庙会或大旱求雨，都是炎热天气，一般在半夜动身去，早上就回来了，

恭迎娘娘

———————
① 也有在七月初三日。

这样比较凉快；如演冬戏或在寒冷天气需接娘娘，则在白天动身。同坛各村去的时候有先后，一律在献山庙会齐，一起回来。有轮值首事村资格的村一般都有座轿①，所有座轿都要一起抬上去，所有参加接娘娘的村都需要有一盏香灯，现在也有用两盏的，香灯代表娘娘的灵魂。以前因献山庙的条件比较好，每架座轿上都有一尊娘娘的小坐像，全部放在大殿的插厢里保存。大家抬着空座轿去献山庙，空的座轿用红布蒙得严严实实。

旧时，去之前，要置办祭品，要杀一只雄鸡，一人担着祭品去献山庙。到献山庙后，先在娘娘坐像前摆香案，案上摆放祭品祭拜。以前胡村是大村，有些年头还用羊。现在的供品一般为猪肉、公鸡以及米粉做的空心红桃、印饼、糖果、糕点等。然后，燃香点烛，鸣放爆竹鞭炮，鼓乐齐奏。还要邀请献山村的人或接娘娘队伍里能说会道的人，先要说明接娘娘的动机和目的等，在主事的指挥下，打开轿门，邀请娘娘坐像入座轿。然后每架座轿由四人抬着，以牌灯、香火灯笼为前导，在罗伞②、掌扇、刀、枪、斧、钺等全副仪仗的护卫下，打着"呵呵"，浩浩荡荡地迎娘娘下山。在家里的人，估摸接娘娘的队伍的行程，分批自发地到半路迎接，最早的接到招序寨岭，最迟的与案道一起接到水口外。旧时，娘娘的坐像连同香灯，没有座轿的轮值

接娘娘道具

---

① 俗称"娘娘轿"。
② 也叫百叶伞，由华盖演化而来。

村或参与村就是把香灯安放在事先打扫干净的娘娘宫或村里比较大的明堂司间里，现在一般安放在大会堂里。娘娘不能放在祠堂里，因祠堂是供奉祖宗牌位的地方。有时候，同案坛的有些小村，不直接去献山庙接娘娘，而是等娘娘接下来后，在案坛村间接用香灯接娘娘。如有戏台，则娘娘要面对戏台，让娘娘看戏。娘娘神像或香灯前摆放八仙桌，设香案烛架，陈放供品，日夜焚香点烛，安排人员添香换烛，烧冥纸冥银，两人日夜轮流值守。有条件的，在娘娘坐像左右两旁各放着铺了靠背巾的几把椅子；一边还放着脸盆架，放着脸盆、毛巾和头梳，以供娘娘梳洗。祭拜娘娘本来要去献山庙，现在娘娘就在村里，所以许多人就近祭拜娘娘。在娘娘坐像前放置垫子，供人们祭拜。有些人自己放一张小桌子在娘娘神像前，放好祭品供奉；也有些人空手敬拜的。娘娘座轿在迎案时抬出来，随案道行动。

除了七七庙会接娘娘外，其他很多时候也需要接娘娘，如求雨、驱除流行性疾病、演戏等等，其仪式都是一样的。

在七七庙会，除了接陈十四娘娘外，像胡村村，还要把下殿、大桥殿和观音殿的诸神佛都一并接来看戏。初七晚上戏演完了，才用火炮将他们送回去。

现在娘娘的坐像都固定在座轿里，因此，去献山庙接娘娘也就是去接娘娘的灵魂，其他仪式一样，就是恭请娘娘的灵魂入座，这在缙云话里叫"日魂"。

在接下来的那天晚上，值年头和其他散头们就把接娘娘的所有

娘娘座轿

祭礼，烧起来享受，这也是对他们辛勤付出的犒劳。

在这里顺便讲一下胡村的娘娘宫。胡村娘娘宫是全县保留比较完整的一个，保持了古时的模样。古色古香的戏台前是一个铺设着匀称鹅卵石的场地，场地与娘娘宫之间隔着一个有活水且养着鱼的水池，有木桩架着木板的通道。通道不是很宽敞，往来不是很方便，目

街巷讲宣

的就是不让大家很随意地出入，以免惊扰娘娘。现在已铺设了水泥桥板。

水池每年在七七庙会前夕都要进行清理，在清理的时候几乎都会下雨，因此在每年七七庙会前天大旱的时候，都会提前清理水池，以期天公下雨，缓解旱情。

采访者：胡老师，刚才请娘娘的仪式是非常隆重的，那么，接下来的仪式是什么？

胡文相：第三个仪程是街巷讲宣。以前，为了提醒人们在娱乐的同时，也不耽误活计，做到干活、娱乐两不误，劳逸结合，为参加庙会做好思想和物资上的准备，同时也为七七庙会制造声势，所以在七月初一、初三、初五的夜晚和初二、初四、初六的早上，村里负责宣讲的散头或值年头串街走巷，敲着大锣，用缙云土话进行讲宣。鏊鏊的锣声伴着有腔有调的讲宣声，是那时七七庙会期间街头巷尾的一道美丽的风景，为节日增添了许多热闹欢快的气氛。初一晚、初二早的口号是"男子人①办牛粮，女客人②汰衣裳，初三上寨接娘娘"；初三晚、初四早的口号是"男子人办牛粮，女客人汰衣裳，初五案道好出场"；初五晚、初六早的口号是"男子人办牛粮，女客人汰衣裳，初七上寨拜娘娘"。其中"办牛粮"和"汰衣裳"只是一种形象的说法，其实就是要人们在初二、初四、初六这几天必须抓紧时间做好该做的事情。当然"衣裳"和"牛粮"是最要紧的，牲畜有足够的食粮，初三、初五、初七才可以放心地参加或观赏相关的庙会活动；每次活动穿过的衣服，都要进行清洗，穿着干净光鲜的衣裳参加活动，

---

① 男子人：即男人。
② 女客人：即女人。

感觉体面自豪，也是对娘娘的最大尊重。在这段时间里，不单单是大人，就是孩子也一样要参加适当的劳动。此时，所有的人都沉浸在无比欢乐的气氛中，内心的高兴时刻表现在脸上，心里向往着很有吸引力的庙会，内心被深深地鼓舞着，时刻处在兴奋状态，干什么活都不觉得累，相互之间的关系都和谐了许多。甚至在庙会过后的很长的一段时间里，庙会仍然是一个令人感兴趣的话题，仍被大家有滋有味地传播着，使大家仍沉浸在庙会带来的欢乐之中。以现在的眼光来看，可能觉得可笑，但在那几乎没有娱乐而人们的欲望还处在比较初级的时代，容易满足，知足常乐；不比今天参加庙会的人往往是为了应付或凑凑热闹而已，没有发自内心的欲望，而是被动参与。那时的愉悦程度确实比现在要高得多。这也是庙会的最现实、最普遍的意义。

接着第四个仪程是同坛巡演。七月初三，同坛所有村点的案队，自己先来一次彩排，叫"出红台"，有时也与接娘娘在同一天进行。出红台只是在本村的主要街巷或道路上表演，终点站是本村的本保殿，不去外村。茶川村有个习俗，就是在出红台时，参加迎案的道具全部放在场地上，要杀一只雄鸡，将鸡血绕场地滴一圈；沿路头村是向农家借一只雄鸡，主持用牙齿咬破鸡冠，把鸡血滴在迎案的道具上。以此求得平安，古语讲"鸡血落地，百无禁忌"。滴过鸡血后，再把案道拉出去。迎案结束后，还要扫台。扫台就是用两把大刀，一串鞭炮，做几个舞刀的动作，如举着大刀旋转或做砍杀状，等等。意思是大家在这里学案排练，那些鬼神也都到这里来观望，直到结束，

同坛会案：罗汉踩街

同坛会案：娘娘轿和百叶伞

扫台扫了，叫它们（鬼神）赶紧回去，切莫伤害大家，这就像演戏一样，三夜戏做完，包公或关公都要进行扫台。

出红台后，针对本案队存在的问题，及时进行整改。准备在七月初五本"案坛"内各村点参加的会案，也叫巡演[1]，巡演由轮值村牵头。首先，全案坛所有村，都要集中到轮值首事村，客队在前面，东道主的案队在最后，组成迎案大队，绕着村里的主要道路和本保殿转一圈。表演后，以抓阄的方式先确定其余村的先后次序，轮值村不参加抓阄，第一个轮到的叫"出案村"。所有村的案队一起首先到出案村表演，然后按照抓阄的顺序，分别到每个村去表演。在这个过程中，如到茶川村去，那茶川村的案队要迎在最后面，要让外村的客队迎在前面，以示礼貌，迎到其他村去也一样。一村表演完毕，都回到轮值村，再出发到其他村，就这样往来反复。这种方法，使大家走了许多冤枉路，折腾得精力体力都受不了。后来我们对此进行了改革，如在轮值村集中表演以后，再以抓阄的方式确定出案村的同时，也大致确定方向。如那年是胡村为轮值村，那只做两个阄就行：即茶川村方向与柘岙口方向。如茶川为出案村，那先到茶川村表演，然后把茶

---

① 又称巡游。

同坛会案：外村娘娘轿到达胡村娘娘宫

川的邻村潜源就便带了，抓到潜源村为出案村，也就把茶川也顺便带了。如柘舀口或蛟坑村是出案村，就把同一方向的村都顺便表演了。后来潜源和蛟坑退出了，现在只是茶川和柘舀口两村抓阄了。据说大亲娘很有灵性，都是抓到茶川村先起案，因上午到茶川比较凉快；下午到柘舀口、沿路头，那儿山荫较重，下午也还凉快。这个过程叫"会案"①。从这个村到那个村去，沿途都燃放鞭炮爆竹，敲锣打鼓，由四人抬着娘娘座轿，边行边演。各村须在案队到来之前，在村口摆设供桌，放置供品，准备迎接。案队一到，即焚香燃烛，燃放鞭炮爆竹恭迎。案队到各村会案，所在村一般都准备茶水供应，现在也有用西瓜、饮料等。尤其逢中饭时光，所在村家家户户都会准备饭菜招待亲朋和亲朋沾亲带故的客人，甚至是陌生人，主客相处融洽自然。他们为有客人吃饭而感到自豪，甚至觉得客人越多，说明自己的面子越大。这些都是村民的自觉行为，无须行政指派，村干部或负责庙会的领导只是做一些协调工作。这些也许只有在庙会期间才有的特有景象，也是庙会的积极意义之一。

各村会案完毕后，娘娘座轿抬回娘娘宫或原放置点，仍然日夜轮流值守，享受香火和供品，直到七七庙会结束。

采访者：那第五、第六个仪程是怎样的内容？

---

① 指本坛的会案，还有在献山庙各案坛所有案队的会案。

会案途中

　　胡文相：第五是会案献技。七月初七是庙会的正日，这日凌晨，同坛各村敲锣（现在用广播）通知，三更起火，四更用饭，五更出发。以前较远的北坑下寮的案队来得最早，他们先到胡村来，胡村的夜戏都还没有结束。旧时，各案队先在主事村的娘娘宫陈十四娘娘神像前集中，现在大多是约定场地或在某些必经之地汇合或各自分头出发。候齐各村案队后，以村为单位集中。罗汉队员环立四周，由领队喊口令或吹哨子进行指挥，此时，刀枪、棍棒等一齐顿地，大家一齐跪拜，一齐起立后，燃放爆竹鞭炮，锣鼓喧天，号角齐鸣，随后整队出发。队伍一般顺序为案头牌①、案头旗、彩旗若干、先锋号、大锣开道。后跟罗汉队、三十六行、大莲花队、长幡队、十八狐狸队、秧歌队等；后来增添了铜钿棍、腰鼓队、纸扇舞、花篮舞等队。最后，按迎接时的仪式，陈十四娘娘的座轿随同案队恭送回庙。案队前后均有锣鼓队或乐队。罗汉和三十六行还有几人专门敲打大锣。一班队伍雄赳赳、高高兴兴地向献山庙进发。气势很大的"一"字长蛇阵，慢慢行进，前不见首，后不见尾。雅江点有一次队伍太大，前锋已抵达献山大殿，"尾巴"还在石上村的水口，连贯十多里，很是壮观，一时被大家传颂。案队逢村必演，沿途村必须以鞭炮爆竹相迎送，茶水招待。现在招序村和东山村的公路已经通到半山，迎案队员都坐车或骑摩托车到公路的终点，过往的村就不表演了，这在古代是违规的，

────────────

①　案头牌：又称万岁牌。

会案现场

叫"偷案"。

庙宇周围四条古道通往献山庙，胡村点与雅江点的两条通道，在献山庙附近的"狮子流涎处"汇合。以前为了捷足先登，争抢第一，占据庙前有利的位置，抢占出面的戏台，几个村点的案队曾大打出手，变表演为打架，不欢而散，很没有意思。为避免这类事故的再次发生，经多方商议，定下规矩：以先登上岭头，并在交汇路口插立案头旗者为胜。胜者可优先进入大殿前的有利场地，占据中心戏台。所以各坛案队往往派几个人为先锋，扛着案头旗，先行插立在交汇路口等待大队人马，不让别队通过，叫"抢案"。此时大家情绪高涨，放响火铳，鼓号齐鸣，摇旗呐喊。等本坛案队聚齐后，"哦嗬"震天，脚步如飞，赶向庙宇，场面热烈而紧张。如果让对方抢了先，那感受和情绪当然就有点憋屈了，大队人马只好站在场地外围，耐心地等待人家表演完了以后，再行表演，这叫"扎案"。他们忍辱负重，只好把希望寄托在明年争抢第一，以报此"仇"。有比拼才能有动力，才能激发案队每位人员的积极性，才能营造热烈欢快的气氛，才能使庙会充满活力。

为了博得更多观众青睐，各案坛的案队在大殿前使出浑身本事，卖力表演，各显神通，纷纷显示出自己的看家本领，人类争强好胜的本质在这里毫无保留地展现出来。通过比拼，把最精彩的演技献给广大的观众。特别是有些同类节目，更具竞争性，比拼得更紧张激烈，当然，也是各路案队切磋技艺的最好机会。你方唱罢我登场，拿手好

会案现场

戏接连登台亮相，非常精彩；观看的人很多，喝彩之声不断。这个时候庙会进入高潮。

接着，第六个仪程是会演斗艺。庙会期间，每个参与村，尤其是首事村，演戏是重要的组成部分，财物的开支，演戏占了很大的部分。最少要演三天三夜，从七月初五开始；一般演五天五夜，从七月初三出红台开始；最长演七天七夜，从七月初一开始。无论如何，最后必须在七月初七晚结束。以前，娘娘轿放在献山庙的时候，就用香灯领回大亲娘（的灵魂），现在献山庙会结束，一般娘娘也不归位，又抬回来，让大亲娘继续看完最后一夜的戏。演戏结束后，还要扮演关公或包公的角色，挥舞大刀等，驱送百鬼回到原来的地方，然后用锣鼓鞭炮朝天送娘娘回献山庙，送百神回本保殿，把娘娘轿抬到娘娘宫放好，用黄布盖住神像，如用香灯，就把烛火熄灭，庙会才算正式结束。

每年一般要聘请当时全县范围里最有名气的剧团演出，剧种以婺剧为主。剧目主要有《僧尼会》《断桥》《牡丹对课》等。在演出期间，所在村的村民，捎口信或亲自去亲友家，现在当然主要是打电话了，邀请亲友前来看戏。此外，附近各村的村民，尤其是青少年，他们相互招呼，成群结队去演出村①看戏，很是热闹。当然，他们不是真的为了看戏，年纪小的是为了在台前买些油条、面饺等零食解解

---

① 一般是轮值村，也有其他村。

献山庙会戏剪影

馋，散散心；而青年们则是为了交友或谈情说爱。真正在看戏的只是几个中老年的戏迷而已。主要是营造一种祥和热闹的气氛。以前在娘娘宫的戏台演出，戏台要正对娘娘宫，让娘娘观赏。现在一般在大会堂演出，因而也把大亲娘座轿安置在大会堂供奉，也要让大亲娘面对戏台看戏。在名义上，这戏是演给大亲娘看的。

演戏期间，许多人趁这个机会，捐助一些钱财，求发财求人丁。戏班在每晚演正剧前都要演打八仙[①]，然后送元宝、送婴儿（道具）到需要的人家里去。不管灵不灵，起码在心理上得到满足；有时也还真灵验的。

在古代，男女有别，连看戏也是不能混杂在一起的，男女都必须分开。女的在西边，一般有凳子坐，小孩子跟着母亲；男的在东边，往往站着观看。随着时代的进步，思想观念的变化，现在都是男女混杂看戏的了。

在七月初七这一天，各个戏班要到献山庙会演。早在清朝咸丰年间就有四个戏班在庙前同时演出，争奇斗艳。这一天是演出的高潮，除要恭送陈十四娘娘坐像归位外，主要是比试演技。各个案坛的戏班同时登场，俗称"拼会场"。届时，鼓号声声，丝竹袅袅，人声鼎沸，热闹非凡。演出剧目以爱情题材为主，每个戏班各演三个"散出"[②]，以放火铳为号：一炮响，准备就绪；二炮响，开锣登场；三

---

① 打八仙：指一种戏剧演出仪式。
② 散出：指短剧。

在献山庙会现场演出

炮响，以定输赢。三炮响时，以台前观众最多者为胜。因此，每年庙
会的"拼会场"最为精彩，往往是戏班阵容强大，名角云集，绝技纷
呈，紧张热烈。当然，他们的斗艺并非势不两立，斗得你死我活，鱼
死网破。这只是一种激励机制，也是一次检验演艺和切磋演技的机
会，所以他们不会太计较输赢。更何况以观众多少来定输赢，并非绝
对准确公平。主要是营造一种紧张热烈欢快的气氛。只要自己尽力，
只要大家高兴，即使输了，也无怨无悔，也不会感到沮丧，况且以后
还有机会。

参加七七庙会的剧团实力，都是全县数一数二的，而戏金并不
比平时贵，甚至还便宜许多，但他们要付出比平时多得多的辛劳，这
是为什么呢？一是怀着对娘娘的崇拜，祈盼得到娘娘的保佑，能被邀
请演出，感到很自豪，也为了剧团今后的演出更为顺利，使剧团在社
会上有立足之地；二呢，也是为了艺术，对艺术的不懈追求，为了完
善自己的艺术形象而磨炼技艺；三是此时是演出的淡季，是全年演出
最空闲的时候。

现在献山庙戏台还未复建，此项活动尚未恢复。逢大殿落成、
神像开光等重要庆典，只在大殿前临时搭台演出。

**采访者：七七会的内容真的非常精彩，每个仪式都有特色和亮
点。那么，接下来还有哪些仪程？**

胡文相：会演斗艺后，就是娘娘归位。表演活动结束后，各个

娘娘归位途中

案坛的首事村，按迎接时的全副仪仗和隆重仪式，把各自座轿中的娘娘神像放回原处，叫"娘娘归位"。归位时，参加接送仪式的全体人员，都要依次向娘娘拜谢致礼。坐像归位后，抬着座轿回村。现在归位的仪式也往往被省略了，因坐像本来在座轿里，只是形式上让娘娘的灵魂归位，一般香灯还是要领回来，等七月初七晚上做戏结束了，才放火炮谢神佛，并烧了冥纸冥银以后，全部神佛都算送回去了。

七月初八的早上，要派人把村里的娘娘宫打扫干净。新增戏放在大会堂演出，大会堂也一并要打扫干净。

最后一个仪式是案旗交接。庙会活动结束以后，还要举行隆重的案头旗交接仪式。这次活动的首事村，要将案头旗移交给明年轮值的首事村。这个有点像奥运会会旗的交接仪式。案头旗的交接，就是主办权和组织责任的交接。下年的轮值首事村则杀猪宰羊，大摆筵席，以示庆祝，并着手协调筹备下一届庙会活动，还会暗自下决心明年要比他们今年办得好。村民们对本次庙会的优劣得失的评价议论声渐渐消失后，又以更高的期望值期待下一届的庙会。庙会就是这样年复一年地为村民带来一轮又一轮的心理享受、一轮又一轮的精神激励、一轮又一轮的新希望！这种享受、激励和希望是一种内在的动力，助推庙会文化一代一代地传承、发扬光大。

娘娘归位

以前在年前的冬闲时，就要开始排练。在排练期间，队员们认真操练，空闲的村民围观欣赏，一派热闹欢快的气氛。现在一般都是在农历六月份开始演练，有的甚至在庙会的前六七天才匆促排练。以前即便在庙会前几天排练，也往往在夜间点着三管灯进行，一是白天农事等比较忙，二是夜间凉快。如果人员稳定，大多都是老手，且有高昂的积极性，演练也不是一件太难的事；即使是新手，一般也都在耳濡目染中长大，以老带新或无师自通。

现在每个首事村一般都有写着自己村村名或案名的案头旗，一般也不举行交接仪式，只是口头交接或者按既定顺序执行。这样省事则省事，但缺少了许多情趣和肃穆庄严的氛围。

四、庙会案队种类多

采访者：胡老师，刚才您说到七七庙会有这么多案队，现在请您对这些案队分别做一些介绍，好吗？

胡文相：好的。我先介绍"大莲花"。

（一）大莲花

采访者：大莲花是大家喜闻乐见的节目，请谈谈它的沿革、组

胡村大莲花队

成人员和主要表演内容。

　　胡文相： "大莲花"的前身是古代的"莲花落"，这是千真万确的。"莲花落"源自盲人乞丐行讨时唱的戏文，曲调优美，内容通俗，以扬善惩恶、因果报应、祈祥纳福的**劝世文**为主。吉祥口彩，祈求施舍。多用方言说唱，委婉动人，**通俗易懂**，生动风趣，具有寓教于乐、淳化民风的功能。因盲人一般信佛从善，而莲花又是佛教的象征，演唱时大多是两人为一伍，一唱一帮，手执一根常青树枝，上面缀着许多红色莲花状纸花，枝丫间用线串铜钱，摇动时，"嗦嗦"作响，助打节拍，故名"莲花落"。"莲花落"经过几百年的发展演变，最终成了现在的"大莲花"。现在的莲花队里仍有"铜钱鞭"这一道具，依稀保留着当年盲人演唱莲花落的情景。在改革开放前，还有少数的民间艺人，敲着莲花板，上门演唱乞讨。"大莲花"具有很强的群众性，在"文化大革命"时期，学校也组织学生演唱大莲花的节目。孩子们平时也会用两片竹简用绳子穿起来敲打着玩。现在的莲花队一般由二十多位女性[①]组成演唱队伍，曲调悠扬动听，乐器富有节奏，唱腔圆润，唱词通俗朴实，道具多样，服装整齐，动作协调，因而很受群众的喜爱。

————————
① 有些地方也有男性。

胡源乡胡村卫生院医生胡锁官爱好文艺，在他年轻时，就从村里的老艺人那里传承了"缙云莲花"，并在原来的基础上加以创新，富有特色，自成风格，表演后反响良好。胡锁官是"献山庙会"大莲花的传承人和主要组织者。

大莲花队踩街

采访者：胡老师，大莲花具体是怎样表演的呢？

胡文相：大莲花队的穿着没有严格的统一规定，各地大多不同，但同一个队伍必须统一。胡村大莲花，一般上身穿白衬衫，下身穿黑裤，脚穿白鞋，头戴扎有两朵红花的草帽。一律戴着墨镜[①]。背挎宝剑或马刀，剑柄扎有流苏穗子的大红花，挎宝剑用的带子，都是手工编织的纱带，带子上织有蝴蝶、梅花、"卍"字形等花纹。宝剑一般固定在一个小布包上，现在小布包被塑料泡沫或纸盒替代。这小布包象征古代的干粮袋。据说北宋末年，某次梁山将士被官兵[②]围困在某处，弹尽粮绝。而老百姓痛恨官兵，同情支持梁山将士。故百姓借庙会迎案之机，人人身背相同的装满粮食的干粮袋道具，为梁山将士们送粮，解了他们的燃眉之急。也有的人说，这个包袱其实是乞丐的讨饭袋。不管哪种说法，现在作为一种道具而一直被沿用下来。

莲花队一般分为两路纵队表演，每队挎的宝剑或马刀、手持的乐器和道具的方向刚好相反，形成对称。演唱时还配有托盘（瓷碟）、响盏、铜钿鞭、七星（七姐妹）、莲花板、竹梆等乐器。胡村案坛一般用前面的六种道具，持每种道具的人一般是八人，那就要四十八人。在队伍的最前面还有两个吹先锋号的人，吹着先锋号，把莲花队伍带进案道，当队伍融入了案道后就不吹了。有些地方还有"木鱼"和"鸳鸯夹"。持莲花板、七星、托盘者，一手提着共同的道具：白瓷茶壶，茶壶上铺盖毛巾。还有墨镜、草帽、白衬衫、黑裤、白鞋是所有队员都要配备的。也不是所有的人都佩戴粮袋和宝剑或马刀的，除最后两人背脚镣和手铐外，如果队员人数少时，在吹先锋号后面有两人是背火签的，火签就相当于令箭或令牌的意思，这也曲折地反映了当时捕快们是奉命缉拿凶犯的，如果队伍在六十人以上，那就需要

---

① 这与由盲人演唱演化而来有关。
② 一说金兵。

四个人背火签了。大莲花队伍的人数都是偶数的。

在表现形式上，大莲花节奏性强，强弱分明。乐器主要以打节拍为主。所有乐器打在强拍上，发出"啪"的强音；而在弱拍处只由"七星"和"托盘"轻奏"哧哧"和"嚓嚓"声，这样就构成"啪哧哧啪嚓嚓啪哧哧……"的跌宕起伏的节奏，汇成交响，气势磅礴，令人回味。同时舞者打击时的大幅度有力舞动和两拍一步的坚实步伐，加之一领众和、一呼百应的演唱，使歌舞错落跌宕，粗犷有力。

莲花音乐的基本曲调有"平韵""高韵"和"沙腊梅"等，唱词以缙云方言为主，歌唱的内容大多为群众所熟知的民间歌谣，如《十二月花名》《十二采花》《会场歌》等。胡村一般唱《十劝后生》。每四句为一小节，一般持莲花板、七星者只参与合唱，持铜钿鞭、托盘、竹梆和响盏者除合唱外还要帮腔。先合唱三句，帮腔二句，再合唱一句，接着帮腔二句。如：合唱，"一劝后生真后生，思情条路切莫行，思情条路无好处"；帮腔，"尺上工留尺上五啦——，留上五留工上尺哎——"；再合唱，"罗裙里面陷人坑"；再帮腔，"凤仙莲子花呢——，花开无花开哎——"。后面各节以此类推。

采访者：胡老师，表演大莲花需要哪些道具，具体怎么运用？

胡文相：道具有大板、七星、铜钿鞭、响盏、梆子、托盘，还有瓷茶壶、宝剑、毛巾、粮袋、木鱼、草帽、铁链、手铐、墨镜等。具体的用法是这样的：

大板：也叫"莲花板"，是最基本的道具。由两块厚竹片用绳子连缀而成。打击时，"啪啪"作响，声音清脆响亮。由两名领唱者所持。还有两人持比大板小的小板。

七星：也叫"小板"或"七姐妹"，由七块薄竹片用绳子连缀而成。演奏时，"嚓嚓"作响，声音柔和委婉。

铜钿鞭：把一根两尺多长的竹篾弯成"U"形，一边稍长，在稍长的那边缀上红花装饰。有六组铜钿用金属杆或竹木杆固定在"U"形的中间。演奏时，一手捏住"U"形底部的一边，用一根带锯齿状的竹条放在捏手的边上拉动，振动铜钿，发出"窸窸窣窣"的声响。现在大多不用铜钿而用啤酒盖之类的东西替代。

响盏：把一个小铜碗，碗口向上，按在一根金属棒上，铜碗可以转动。演奏时，一手握住棒子，一手拿着一根金属杆击打铜碗，发出"叮叮当当"的清脆悦耳的声响。现在一般都是用自行车响铃的盖子代替小铜碗。

竹梆：用一尺多长的一截毛竹做成，挖一条沟，用一根小棒子敲击，发出"叭、叭"的声音，音质清脆圆润。

托盘：用一只手托住瓷质的小盘子，把一根"L"形的小木楂套在食指的戒指上，演奏时，随着演唱的音律，食指配合击打，"哧哧"之声不大，主要用作打拍子。

（二）迎罗汉

采访者：迎罗汉是庙会的重头戏，那迎罗汉需要多少人，是怎样迎的，有哪些内容？

胡文相：罗汉队的人数没有严格规定，一般都有几十或上百人。阵容越大，效果越好。以前一般以青壮年为主，现在是男女老少齐上阵，常有三代同阵、四代同班的现象。但叠罗汉时男女绝不混淆，分别垒叠。沿路头村罗汉队叠罗汉最拿手，有些造型，全由女子完成，别具一格，效果甚至胜过男子，反响好，影响大，曾多次参加各级各类庆典、庙会等演出，多次获得嘉奖。

迎案时罗汉队一般走在整个迎案队伍的最前面。在服装颜色上没有明确规定，但一律都扎红色腰带，缠汗巾。同一队必须整齐划一；胡村点一般穿上白下红，头扎红色英雄结；还有都穿白色，或红色镶边服装，头戴红色的前额有一个绒球的武松帽。溶江乡大黄村的罗汉

罗汉阵

队员清一色头扎黄头布，身穿黄色服装，足蹬平底靴，英气逼人，威风凛凛。

整个罗汉表演在音乐伴奏下进行，伴奏乐器主要为先锋号和锣鼓。锣鼓在罗汉队踩街或参阵时一般演奏"满江红"，也会根据不同阵式变换锣鼓经，如演奏"乱锣""大魁锣"等。铿锵有力、虎虎生威。其中的钢叉舞，除了乐队伴奏外，还辅之以急促的口哨声、钢叉顿动时的"嚓嚓"声和演员嘴里发出"嗬嗬、嗬嗬"的呐喊声相呼应，感情奔放，声势浩大。通过舞蹈音乐的渲染与配合，使整个场面气氛热烈，非常热闹。

罗汉踩街、列罗汉阵和叠罗汉，有些地方还有背罗汉，统称为迎罗汉。有时"迎罗汉"也特指罗汉踩街。

采访者：迎罗汉需要哪些响器和道具？

胡文相：响器有大锣、大号先锋、锣鼓队。大锣，有由二人抬着的，后面的人还要负责敲打；一般一人肩挑两面大锣，挑着自己敲打面前的那面，后面那面由别人敲打，两面锣的音质不同，雄浑和清朗的声音交织，罗汉队伍庞大时，前后各有两副大锣挑着，大锣一般在队伍的最前面。大号先锋：两把或四把，在锣鼓队前后，大号声音雄壮浑厚，鼓舞人心。锣鼓队：在阵头旗后，如果罗汉队伍庞大，后面还有一队。

道具有这么一些：

万岁牌：也叫"案头牌"，上略大于下，上写金字"回避""肃静""敕封夫人""献山庙""六位天仙娘娘"等，有一米多长的柄；一般两到四块，也有几种型号同时出现的，由长者举着走在队伍的前头，跟在大锣或罗汉旗的后面。

罗汉旗[①]：红底镶白边或白底镶红边等，写着一些吉利的话语或与大亲娘献山庙有关的话语，近年也出现了一些宗教的人物形象。一般跟在大锣后面；也有些地方，把写有乡村名和"罗汉队"的案头旗迎在前面，也叫案头旗，一般上方横书"献山庙"三个大字，直书乡村名或村名加表演队；也有由两人拉的横幅式；旗身用铁架或木架支撑，两边镶有锯齿状的花边，旗顶和两肩扎一朵红花或镶流苏穗子，下面镶流苏，也有空白不写字的。

---

① 罗汉旗：即"阵头旗"。

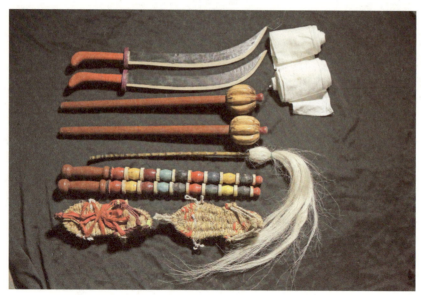

迎罗汉道具（双刀、棒槌、拂尘、双鞭、草鞋、绑腿）

大刀：八把或十几把，成双。

罗汉棍：若干，人数不拘，是罗汉队的主体。

擂叉：六到八把；一般由技术娴熟的成人操持；四门叉，比擂叉短，无曲形分叉，成双，一般四把，由少年操持。

盾牌[1]**、马刀**：一手执刀，一手执盾，多少不拘，由少年操持。

双铜：人数成双，一般由儿童操持，也有成人在现场表演双铜的。

双刀：人数成双，一般由儿童操持，也有成人在现场表演双刀的。

钺斧：人数不拘，由儿童操持。

棒槌：人数不拘，由儿童操持。

长矛：多少不拘，由少年操持。

罗汉顶：头戴凤冠帽或红檐帽的三五岁幼儿，手执拂尘，骑在父母肩上，人数不拘。

雷公拐：人数不拘，由儿童操持。

铜钿索：俗称"流星"或"流星锤"，是一种武器，也可打落高处的物体，各种型号的铁球或铁锥两个，由几米长的铁链连着。成双，数量不详，由熟练的成人操持，现不多见。

此外，还有一些赤手空拳者，是表演罗汉拳的。同类的排在一

---

① 盾牌：刻印有狮头、虎头或写有"福、禄、寿、禧"等字。

起。这浩浩荡荡一百多人的罗汉班，既有大张声势的旗与号，又有十八般武艺中的武器，俨然一副古代军队的装备。

采访者：胡老师，罗汉队是怎么踩街的？

胡文相：罗汉班在开演前都要在本村举行庄重的祭旗仪式，然后在指定地点集结。开拔后，一路上，就着锣鼓声，棍棒、长柄大刀和长矛等都按逆时针方向旋转；持盾牌马刀的，一手把刀搁肩上，一手把盾牌护在膝盖边；持双锏、钺斧和棒槌的，都是双手抓住道具把柄，横搁在双肩上；罗汉顶上的小孩手持拂尘，不断旋转；使用擂叉的，一般都是技术精湛的好手，边走边擂，擂叉在他们手上，有规律地在两手之间滚动，得心应手，响声铿锵清朗；持四门叉上下簸动，声音有节奏地铿铿作响。在行进途中，悦耳的擂叉声和着鼓号声以及哦嗬声、口哨声，在迎案的路上回荡，热烈欢快。在此期间，罗汉队员还要进行其他的一些表演。如持棍棒和大刀者，还会表演"行路柴"：在比较宽敞或观众比较多的地方，先是队伍中的奇数者向后转一百八十度，与相邻者相向，两人同时握着刀或棍棒，做相互击打拦截动作；然后，奇数和偶数者同时转一百八十度，与另一相邻者做同样的动作；而后，又同时转身……反复循环，乒乒之声，不绝于耳。有时也有人该转不转而不该转而转的，乱了阵法，引发观众哄笑。到达庙场或指定的场所后，通过哨子声的指挥，罗汉队小跑绕场一周，围成一个大圆圈，并用棍棒和大刀柄，一齐顿击地面，撞声铿铿，喊声阵阵，威武雄壮。圈出场地后，进行各种表演。除排演各种罗汉阵和各种造型的叠罗汉外，还有如单人打棍①、拆棍②、单个舞双刀、舞双锏、舞擂叉等。矛与盾的操练，则由多名少年排成方队相互比拼。以前还有铜钿索表演、单人舞凳等。其中有一种套路叫单荡手，是由十八位年轻后生排成方阵一起打的罗汉拳。那飘飘的衣袂，那虎虎的威势，那变幻莫测的阵法，简直像少林寺弟子下山。

罗汉顶

采访者：罗汉队表演有哪些阵法，怎样参阵的？

---

① 打棍：舞棍。
② 拆棍：双人对练。

胡文相：罗汉阵的阵法源于古代战争和武术中的阵法，在传承的过程中，不断受地域和时代的影响，揉进娱乐、游戏、体育等因素，逐步发展演变为今天比较固定的模式。常见的阵法有半月阵、大小盘龙阵、梅花阵、交剪阵①、炉栅阵、天门阵、四门阵、九连环阵、蝴蝶阵、双龙出海阵②、四角阵、四柱阵、绕角阵、大小编笆阵、板阵、拜神阵、一字长蛇阵、八卦阵、结字阵③、"卍"字阵等阵法。参阵时以哨声指挥，就着喧天锣鼓的节奏，呼声四起，嗬嗬阵阵，声势浩大，脚步忽快忽慢，进退有序。步伐整齐，动作协调，姿势威武，阵法变幻无穷，阵阵连贯，快慢交替，高潮迭起，使人看得眼花缭乱，奥妙莫测。

各种阵法都有其一定的含义。如半月阵，正反两个半月合为圆月，寓意团团圆圆，家和万事兴；梅花阵，是八卦阵的一种，按金、木、水、火、土五行布阵，意为诱敌深入，以便围歼；蝴蝶阵，也叫迷魂阵，使敌军入阵后，分不清方位与生死门，只能坐以待毙；四方阵，寓意春夏秋冬四季平安；交剪阵，表示四面八方广交朋友；双龙出海阵，寓意巨龙腾飞，大展鸿图，事业有成；等等。

罗汉阵法各地也略有出入或侧重。其实，阵法的套路大同小异，都是双手平胸擎着刀枪，按一定的形状和次序行进。有些阵，有不同的名称，如"盘龙阵"与"大团圆阵"是同一个阵。在表演时，几种阵法都是连贯完成的，一气呵成。阵与阵之间有过渡性的动作，都有一定的程序和具体要求，如"分阵"，就是过渡性阵法，也可单独称之为"双龙出海阵"。还有进场和退场的仪式。有些也谈不上阵法，但在参阵时，有必须要做的环节，

迎罗汉道具（成人用）

迎罗汉道具（盾牌）

罗汉表演：抄柴

---

① 交剪阵：又名"大交叉阵"。
② 双龙出海阵：又名"分阵"。
③ 结字阵：阵形类似传统手工编织工艺品——中国结。

如"抄柴"①等。每次不可能把所有的阵法都表演一遍，而是有选择性地表演最常见的阵法。并且也没有像说的这样容易，实际表演要复杂得多。

采访者：那么，现在就请您简要介绍一下各种阵法。

胡文相：好的。下面就部分阵法，大致按演出顺序简单介绍一下。

半月阵：此阵的地位最高，一般最先演出。形状像一个"D"字或半个月亮，也像一张弓。队伍定型后，沿着半月形走一周，回到原点后结束。

梅花阵：队伍绕场中，"五柴②"先后依次站在五个点上③，面向内；五个罗汉顶分别站在五角星五条线的交点④上，面向外，形成"五顶"；队伍沿着"五柴""五顶"边沿急走，首尾相接，绕成盛开的有五朵花瓣的梅花状。急走两圈后缓走，"五柴""五顶"依次回归队伍的原来位置，然后退场。

交剪阵：在场地上确定四个对称的点，队伍先从一个点出发，径直向对面的第二个点行进，成"一"字长阵；然后队伍按顺时针方向行进四分之一的圆弧⑤到达第三个点；之后径直向对面的第四个点行进，成"一"字⑥；最后，队伍按逆时针方向，沿原来四个顶点边沿旋转一周又四分之一的圆弧，也就是回到队伍起点的地方为止。

炉栅阵：此阵由多个"S"形组成，九曲连环，形成五个来回。队伍表演时，来来去去，曲曲折折，犹如长蛇逶迤，甚是壮观，观者眼花缭乱。一个来回，回归原点结束。

绕角阵：队伍绕场一周后，成四个角。然后分别在四角处进行旋绕。带头的三人旋绕，后面每间隔两人旋绕。

大小编笆阵：队伍一分为二，两队从场地中心行进，到达场边，一队向左，一队向右转半周；相遇时两队交叉列队，列队完后又成出发前

罗汉表演：梅花阵

---

① 抄柴：指队员分两排相向站立，刀枪棍棒相叉，形成拱门。
② 五柴：指五个手拿棍棒的罗汉队员。
③ 相当于五角星的五个尖上，暗含金、木、水、火、土五行。
④ 两角之间的凹处。
⑤ 九十度角的弧。
⑥ 先后两个"一"字成一个"十"字。

的原队形，叫"大编笆"；接着分四队行进，仍按前述方法旋转，成"小编笆"。

大小盘龙阵[①]：此阵与迎龙灯时的盘龙相似，故名。在哨声的指挥下，所有罗汉队员，把刀枪用双手举在胸前，围着场地转一周后，持大刀者带头，其余进行螺旋式转圈，圈子越走越紧，速度越来越快，圈子缩小到极限；然后最前面[②]的人转180度，从相反的方向转圈退出，节奏放缓，退出的过程最壮观，有人朝东

罗汉表演：盘龙阵

转，有人往南旋，你来我往，你进我退，进退有序，好不热闹，这叫"大盘龙阵"。退出后，队伍一分为二成两列，这叫分阵[③]。分阵后各自进行盘绕，方法如前，成两个盘龙阵，叫"小盘龙阵"，然后与大盘龙阵一样退出后结束。

四柱阵：队伍绕场一周后，第一棍站定，绕两周后，第二棍站定，以此类推，四棍站定成四柱。然后旋绕四柱，每两人为单位进行旋绕，四柱都旋绕过后结束。

板阵：队伍分两列，持大刀者在前，棍棒等在后。拉成两列平行纵队后，一列向左转，一列向右转。等到两列在另一端碰面后，各列按原来路线返回，再次相遇后，各转九十度，并列行进，每列分别留下两名持棍棒者，持棍棒者面对面站立，成一道门。这样不断循环往复，直至把所有的人都留下，成两列面对面的横队。然后带头者从相反的方向旋转，每转一次，各带走站立者两人[④]，跟在后面，直至把所有的人带完，回归原位置结束。

四门阵：队伍每绕一周，设立一门，绕场四周后，分别在东西南北方向设立四门[⑤]。每门两罗汉背朝背站定[⑥]。接着开始劈四门：持大刀者带领队伍先到东门，两把大刀齐劈东门[⑦]，两罗汉跳起旋转半周，成面对面站立（下同），然后队伍径直向前，过西门再绕向北门，北门劈开后，队伍径直过南门再绕到西门，西门劈开后，队伍径直过东门再绕到南门，劈开南门。四门劈完，四门的罗汉仍跳转背靠

---

① 大小盘龙阵：含"分阵"。
② 此时也是最里面。
③ 分阵：也叫"双龙出海阵"，是从大盘龙阵转到小盘龙阵的过渡阵。
④ 最先站立的最先带走。
⑤ 大殿方向为北门。
⑥ 东门西门面朝南北；北门南门面朝东西。
⑦ 劈进两人背与背之间的空隙，下同。

背站立随着队伍的旋转，四门的队员一一归队。

天门阵和拜神阵：两阵紧密相连，一气呵成。拜神阵也叫"拜佛阵"。大刀两两依次交叉高架，后面的依次从刀下进入，持棍棒的也同样高架。后面的依次从刀枪棍棒架成的拱下走过，此为天门阵。走完后，收起兵器，队伍分成四路纵队，全体蹲下或跪下，兵器横放肘弯或虎口，双手合掌，随着指挥的哨声，磕头拜神，此为拜神阵。

一字长蛇阵：拜神后，随着一声吆喝，各自归队，四队合为一队，成一字长蛇阵，退出。

采访者：听说叠罗汉是迎罗汉中最热烈、最精彩的部分，请谈谈有多少造型，是如何叠成的？

胡文相：好的。罗汉班表演的压轴戏是叠罗汉。叠罗汉，也叫"耍杂"，是一种集武术、游戏、体操、杂技、器乐于一炉的表演项目，是罗汉表演艺术中的最高境界。叠罗汉据说是源于明朝嘉靖年间跟随戚继光平倭的义乌兵，在平患作战、练兵之余，根据武术套路、战时阵法和杂耍技艺演练而成的一种练武取乐的游戏。久而久之，经过不断演变，逐渐形成一套较为完整规范的表演内容和形式。表演时需要力气、胆量和娴熟高超的技艺，还需要大家动作协调，配合默契。叠罗汉花样繁多，造型奇特，惊险刺激，惊喜连连。造型有大牌坊、小牌坊、过仙桥、七丁（龙）珠、叠水井、开荷花、观音扫殿、老鹰扇翼、凤凰拜观音、对纸马等。

有些地方，罗汉叠好后，鞭炮爆竹震天，锣鼓喧天，唢呐、大号齐鸣，要绕天井八至十圈，且在村中最宽敞的道路或街巷游走，观众紧随，热闹非凡，这叫背罗汉，是叠罗汉的延续和发展。主要是乞求好运气、好收成。因表演难度较大，场地有限，体力难支，安全隐

罗汉表演：分阵

罗汉表演：拜神佛阵

患大，故不常进行。罗汉队的叠罗汉造型主要有这么一些：

一是大小牌坊。这是叠罗汉比较普通的一种。由身强力壮的人任罗汉柱[①]；其他人做"插翼"和罗汉顶，一般大牌坊需十八人，小牌坊需十一人。沿路头村的牌坊以女人为主，小有名气。底层由相对精壮的七人[②]成一列横队站定，此为基柱。其他五人先站在七人前面，七人中间的五人分别把头钻过前面五人的胯下，然后把他们顶上去，五人顺便骑在他们的肩上，此为中柱。其他人再用棍子挑上去三人，骑在五人中间的三人肩上，此为顶柱。再用棍子挑上罗汉顶，骑在三人中间的一人肩上。被骑者与相邻的人胳膊肘相挽，双腕又要搂住骑者的膝部；两边基柱的左肩或右膀上还要坐着一个孩子，叫"插翼"，插翼的一只手与边上中柱的一只手肘子相挽，边上中柱的一条腿压住插翼的一条弯曲着的腿，边上基柱的一只手搂住骑者的腿外同时捏住插翼小腿，插翼一手拉着自己的一条腿[③]向外伸展，这样，牌坊就叠成了。此时，指挥的哨声急剧响起，随着哨声，牌坊整体旋转一周，或进或退；罗汉顶旋转拂尘，单掌施礼，点头致意。撤掉大牌坊的基柱，让原来的中柱做基柱，插翼仍附在现基柱的边上，就是"小牌坊"。"大牌坊"一般只叠一组，"小牌坊"要叠相同的两组，两组面对面旋转一周。

二是叠水井。叠水井一般为九人，一、二两层分别四人。先由

罗汉表演：叠牌坊

罗汉表演：耍杂

① 罗汉柱：包括基柱、中柱、顶柱。
② 主要是中间那个，要承载三个人的重量。
③ 腿的两边，孩子手脚的方向相反。

四人手与手呈绞状相挽，围成一圈①站定，再蹲下分别钻入另外四人的胯下并顶起，第二层队员跟底层队员一样，与相邻者手挽手呈绞状，然后分别踩在底层两名队员的左肩右膀上。此时，两层人围成一个圆筒，形似水井，故名。两根木棍的四端分别按在第二层队员相对两人的双肩上，罗汉顶两腿劈开，跨坐在两根木棍上，摇动着拂尘，整个造型近四米高。一般同时有两个相同的造型。此时，听从哨声的指挥，两个"水井"分别朝左转一圈，再向右转一圈，险象连连，惊呼一片，好多观众的掌心都捏出汗来。

三是开荷花。"开荷花"就是"叠水井"的变形。就是卸下的罗汉顶，骑在大人的肩上，站到圈内。原站立的上层队员，改为坐在下层队员的肩上，与相邻者呈绞状的手，改为相互握住手腕，由里往外徐徐外翻，似一朵出水芙蓉徐徐绽放，最后中间显露出罗汉顶。上层队员向后平躺或半躺成喇叭形，躺得越平，难度越大，效果越好。随着急促的哨声，底层人连同背罗汉顶的人快速顺转三圈，逆转三圈，罗汉顶摇着拂尘，犹如一朵盛开的荷花：底层的人为花梗、花托、花萼，上层向外翻成喇叭形的造型为花瓣，中间的罗汉顶为花蕊。一般同时有两个相同的造型。

四是过仙桥。"过仙桥"表演人数不限，但不能太少。在所有队员中选出比较精壮的一半罗汉队员，先以一定距离同向站立，组成桥柱。双肩各骑一人②，指挥吹着哨子，上边的队员的身体渐渐往后

罗汉表演：叠水井

罗汉表演：开荷花

---

① 人们面朝圈里。
② 队伍的最后一人不骑。

仰面躺下，头连后背躺在后面同伴的大腿上①，形成桥梁。被骑者双肘搂住骑者的双脚，十指抓住前面仰过来那人后背上的衣服，仰者张开双臂，形成桥栏。一排队员，就形成了一座坚实的人桥。一个童男或童女或罗汉队员，则在软乎乎的、凸凹不平的人桥上来回翻筋斗，吸引了所有人的目光，甚是惬意。观众的喝彩声，此起彼伏。但身为桥柱、桥梁的成人队员们，此时必须鼓足劲，忍住气，坚强地挺住。要经受体重四十多斤的小孩一个来回折腾，也不是闹着玩的。沿路头村的"过仙桥"多为妇女表演。

五是七丁珠。七丁珠②，也叫"七龙珠"，俗名"一人背七人"。此造型由一个大人罗汉和六个小孩罗汉及罗汉顶共八人组成。大人两只手抓住自己的腰带，做叉腰状；前后面两小孩的四只脚分别穿过大人肘弯的空间；左右两侧的两个小孩的两脚分别从前面两小孩的腹前插过，搁在他们的大腿上，四个小孩的手，分别与对面相对的同伴互相握住手腕，拉紧；然后，罗汉顶站立在大人的双肩上；最后，大人的左右肩上分别跨坐一个孩子，相互抱住对方肩背的同时，也抱住罗汉顶的腿脚。造型完成后，在哨声的指挥下，罗汉顶摇动拂尘，大人挪动脚步，转一周，退一周；进三步，退三步。步履蹒跚笨拙，颤颤巍巍，摇摇晃晃，险象环生，轰动现场，惊煞观众。

五丁珠，只是大人两肩上不再坐两小孩，罗汉顶改站为坐，其

罗汉表演：过仙桥

① 队伍的最后一位骑者躺在最后一位桥柱的肩上。
② 也有用五丁珠。

他不变。

六是观音扫殿。这个造型虽然简单，但比较惊险。观众的心被牢牢地揪住。本组造型由十人组成。并排两人你左我右两手相绞，并捏住对方肩头。两人的左肩右膀上站立一个手抢大刀的大汉，对面也组成相同的造型，两队相向，两边站立着两大汉所抢大刀的刀镡[1]处相交成剪刀状，成为一个大拱，一对大人背着的观音[2]，分别从两边相向入拱，在拱下交位。在交位时，观音拱手对拜行礼，并以仙帚[3]掸动，以示扫殿。如此反复多次。此时，旁边还站着一对背头陀[4]，在拱下穿梭的罗汉顶要向背头陀行拜礼。

七是老鹰扇翼。此造型比较简单：一大人头顶一小孩儿腹部，大人两手抓住小孩的腰侧，小孩手足模仿鸟的扇翼状。此造型共四组，站成四角形，先斜对角相向走，两两对换位置，然后按逆时针走，一个点分别站一次，等回归原点结束。

八是凤凰拜观音。本组造型由四个大人和两个小孩共六人组成。两人相距一米左右同向站立，前者肩上坐一人，后者肩上站立的一人弓腰，双手搭在前坐者的双肩上。弓腰者背上坐着罗汉顶。一个孩子俯身，双腿夹在前站立者的胯部上侧，前站立者双手除夹住坐肩上者的小腿外，一双手掌托住俯卧孩子的腹部。后站立者双手握住俯卧孩子的脚掌。一根红布带勒在俯卧孩子的上下牙齿间，前面坐肩上者身体微微向后倾，双手抓住布带的两端，俯卧孩子一边不断点头，一边双手合掌，做拜佛状。此时，罗

罗汉表演：观音扫殿

迎罗汉道具（小儿用）

---

① 刀镡：即刀环。
② 用罗汉顶改装，观音打扮。
③ 仙帚：即拂尘。
④ 背头陀：与罗汉顶同。

汉顶旋转拂尘，整体不断旋转。此造型奇特，配合默契，观众叹为观止。

九是对纸马。一壮汉站定，双手弯肘，两手手指相绞放腹前或托住一孩的屁股。肩上坐着罗汉顶，由别人帮助，将一小孩儿仰面从壮汉后面双足插过左右肘弯；另一小孩儿从壮汉前向俯面双足插过左右肘弯后面小孩儿的外侧，两小孩儿交叉，他们的双脚成绞状，并托住对方的臀部，双手向前，成合拜状。壮汉不断旋转，两小孩儿你上我下翻动，像跷跷板。此造型共有四个，四个壮汉先斜着走，再走四方形，走法与对纸马相同；等回归起点结束。

十是大黄村之叠水井。此造型由十八个人配合完成，分两组，每组九人。四人先围成一圈，相互之间相距半米左右。四根棍子两两相对地分别搭在四人的肩膀上，每人双手抓住棍子，肩外留着的棍头上，分别跨坐一人，身体向后微倾，并张开双臂，四根棍子的交叉处站立一人。随着哨声，站立地面者不断转圈，给人一种变幻莫测的动感。

（三）三十六行

采访者：三十六行是庙会的重要节目，请谈谈三十六行是怎么来的，迎案时有次序的讲究吗，具体有哪些角色？

胡文相：案道里的三十六行，并非严格意义上的职业，其实上至达官显贵、富商巨贾，下至贩夫走卒、游子乞丐，乃至神仙和犯人等，也就是三教九流，都属于案道中的三十六行。"三十六行"是整个社会各种职业和各种人物的高度浓缩，是艺术化和抽象化了的各行各业和各类人物。由于对三十六行的不同解读，各个案队在人数、装束和打扮上，甚至在表演动作上都不尽相同。就是同一个案队，受人员和道具的制约，每年也不完全一样。有些行业还带有群体性或有相应的搭档，如学童就得有好几个，有犯人必有解差，有接生婆就有大肚娘和奴仆，等等。参加三十六行的多则上百人，少则几十人。引人注目的也可能不是最主要的职业。在表演时，有些角色必须夸张性地化装，穿戴符合行业身份的服装，并且都要有最能代表本行业的工具或标志物①，但都还留有个人发挥的空间，每一个角色都完全可以根据自己的感悟和天赋，充分施展自己的演技，表演一些富有本行业特征的相关动作或说一些行话，形神兼备，惟妙惟肖。

---

① 也叫"行头"。

各行各业在表演时也没有严格的先后次序，一般是"孙悟空"清道；随后是两人敲着大锣开路；因古代崇尚"唯有读书高"，后面紧接着就是先生和学生；"民以食为天"，农民也走得比较靠前；而后是与民众生活密切相关的各行各业。我乡茶川村的三十六行最引人注目，潜祖生先生为主要的组织者和传承人。

采访者：请谈谈三十六行每种角色是怎么表演的，有什么象征意义？

胡文相：好的。我把几个主要的行当分别介绍一下。

孙悟空：近年来迎案中的三十六行都是由"孙悟空"做开路先锋。因孙悟空火眼金睛，除魔驱妖，形象正大光明，知名度和声望极高。况且民间素有"悟空开路，八戒断后"之说。扮演者画着孙悟空的脸谱，或戴着孙悟空的面具，头戴紧箍和棕黄色假发，身穿虎纹衣，不断地吹着哨子，双手不停地转动"金箍棒"，以驱散围观者，为队伍清道。

敲大锣：两个敲大锣的男子跟在孙悟空的后面，他们为"三十六行"鸣锣开道①。两人脸上按着用锅底灰做颜色的手掌印，头戴稻草辫箍，草辫箍前面有个向上翘起的弯钩，像安康鱼头上的"灯竿"。穿着无须刻意打扮，如果是袒露上身，胸背也按有同样的手掌印。下

三十六行角色：孙悟空

---

① 该队伍的两侧还有锣、鼓、钹等乐器助阵。

三十六行角色：敲大锣

　　身围着稀疏的稻草帘，显得古老而神秘。看着他们的表演，仿佛穿越时空，目睹原始社会先民们的祭奠仪式，或观看非洲丛林中原始部落的宗教表演。他们一边敲锣^①，一边不断变换位置和方向：时而相背，时而相向；时而你左我右，时而你右我左；时而跳跃，时而迈步；时而揭左脚，时而抬右腿；时而前仰，时而后翻；时而弯腰，时而挺身；时而紧锣重敲，时而悠悠慢捶；时而相互指指点点，时而相互逗趣。动作变幻莫测，妙趣横生，滑稽可笑。

　　癫人：队伍中最引人注目的是疯子，土话叫"癫人"。也有由一男一女分别扮演"癫公""癫婆"的。一般只有由男子扮演的"癫公"：衣衫褴褛，披头散发，行为怪异；头戴树枝或假发，腰缠草绳或藤条；在脸、手、胸等处涂抹锅底灰，灰头土脸，肮脏不堪；或男扮女装，不伦不类；更有甚者，在胯部捆绑茄子当阴茎、藏水枪拉尿，增添笑点。他的行动最自由，可以尽情发挥，做平时不敢做的事，他故意乘机往年轻姑娘堆里扎，所到之处，尖叫声一片，妇女们四处溃散躲避。他行进的位置好像不完全固定，如果道路被堵或场地被围，他可以上前去清道清场，立竿见影，大家避之而唯恐不及，路途即刻通畅，场地迅速宽敞。

　　乞丐："乞丐"本地叫"讨饭人"。外貌上与"癫人"相仿：衣履千疮百孔、补丁重重，灰头土脸。披头散发或头戴破笠帽，一手持

① 敲锣的时候敲一下锣，举一下槌。

根打狗棍，一手端着个七缺八陷的破碗；也有一手执破扇子的，胳膊弯上还挎个破篮子或破箩笠，或肩上捎着一个破褡裢。一般只由年龄较大的男性扮演，也有讨饭公、讨饭婆外加讨饭儿的，拖儿带女。讨饭人也相对自由，并且也是许多人争相扮演的肥缺，所以者何？他们在迎案活动的过程中，很快就会进入角色，一撕平时斯文腼腆的面具，可以走出队伍，向观众及路人甚至熟人进行乞讨，所得归己，收获颇丰。

接生婆：本节目由三人搭档表演。这个节目比较搞笑。大肚娘，孕妇之谓也，现在一般由中老年妇女担任；古代由男人装扮。大肚娘手执蒲扇，腆着引以为豪的大肚子，扭扭捏捏，踱着慢步，略显"沉重"，目空四周。本节目的灵魂人物是接生婆，一般由女人扮演，也有的由男人充当，更显创意，滑稽可笑，增添笑料。她（他）身手灵活，系着围裙，腰缠手帕，手执蒲扇或炉扇，围着大肚娘，鞍前马后，左蹿右跳，不断地给大肚娘摇扇，并不时抚摸大肚娘大肚，察言观色，服务周济，尽显讨好诮媚之能事。另一人为奴仆，古代乡妇打扮，现在为了增加趣味和笑点，也有由男士充任的。腰别汗巾，双手捧着马桶①，忽左忽右，摇头甩脑，不断向着大肚娘的大肚投送，做随时接住出生孩子状，极尽逢迎守职之本分。接生婆和奴仆是围绕大肚娘旋转的流动风景：你左我右，你来我往，扭动腰肢，动作协调，配合默契，表情滑稽，妙趣横生。

三十六行角色：孙悟空、讨饭儿、癫人

三十六行角色：大肚娘等角色

犯人："犯人"也会受到观众的关注，角色中，一般男女犯人各一②人。女犯人的原型为玉堂春；男犯人的原型为武松。他们穿一袭皂色囚衣，披头散发，戴一副象征性的用硬纸板等做成的枷锁或颈上手上套着铁链。还有一位穿着艳丽的年轻女性，传说是崇拜武松的二十花娘，跟随武松上路。犯人后面跟着两三个身穿衙役服饰，手拿棍棒或刀枪的解差。按惯例，在迎案的过程中，沿途如有摆摊卖烧饼、油条之类的小吃，"犯人"可以随意用嘴叼走享用，后面的解差或"官员"会为他们埋单。这个插曲增添不少意趣，但此俗

---

① 马桶一般用竹筐篮改装。
② 犯人角色，男女均可扮演。

三十六行角色：和尚、罪犯

三十六行角色：糊涂官

现在难以为继。一是生活水平提高，"犯人们"也并非饥肠辘辘，不在乎那点小吃，懒得做那个动作；二是现在做小生意的人，也大多不懂得这个规矩，没有很好地配合，以致发生摊主夺回食物等大煞风景的事。

官员：官分清官和糊涂官。清官身穿青蓝色官服，头戴有长方形帽翅的乌纱帽，一手捋长须，一手摇折扇，迈着八字步，郑重稳健，一身正气，后面跟着两三个手持棍棒或板子的衙役。糊涂官为丑角脸谱，最突出的是"白鼻头"，穿着黑色或红色官服，但乌纱帽的帽翅是圆形的，也有铜钿的造型，故也叫"圆页官"，歪戴或反戴着帽子，摇头晃脑，左蹦右跳，帽翅上下或左右摆动，手摇扇子，捻着短须，轻浮猥琐，忸怩作态，像个小丑。如用四人① 大轿抬着，他坐在上面，不断晃动摇摆，轿子上下颠簸，乱摇折扇，口中念念有词，"做官就要做清官，我是一个大清官""天不怕，地不怕，就怕官儿比我大""做官好，做官妙，做官才有铜钿和银票"等。

大摇船：大摇船也叫摇花船，由三人扮演。在三十六行中应该算是旅客吧。一男两女三个角色。三人同向共握一根前头扎一朵红花的象征花船的小竹竿，竹竿连同基部，并把基部切削光滑，染成红色。也有在竹竿上按着用花布竹篾扎制而成的花花绿绿的小花船，四周挂着流苏和穗子。两女子头戴带有流苏的花帽，戴彩色花肩，但所穿戴的样式和颜色均不雷同。最前面，一手拉着红带子的女子是船家，中间的男子② 戴着礼帽、墨镜，身穿礼服，一手执折扇。最后的为小姐打扮。男的"前后逢源"，前顾后盼，与两女子眉来眼去，眼神传情，秋波频送。根据沿途的地点和见闻，用小曲唱出。其中有一个浪

---

① 这四人都穿杂役服饰。
② 也有女扮男装的。

三十六行角色：大摇船

漫的故事：一位富家小姐，千里迢迢从永康乘船去苏州，与任上的丈夫团聚，路过武义、金华、兰溪、富阳等地。在路上与一位翩翩公子同船，演绎出万种风情。他们过了一滩又一滩，领略了沿途的美好风光；特别是小姐，心里充满着期待和急切喜悦的心情。他们一边摇船一边演唱，动作协调，富有节奏。不信，你听："永康呀，千里呀，坐到富阳船呀，前面一蓬石香兰呵，小妹转一弯；顺风去，桐琴到，来到石子滩呀，看见武义白洋山呵，小妹转一弯；黄泽埠，横店到，来到双港滩呀，看见金华大北山呵，小妹转一弯；兰溪呀，开船呀，来到童子滩呀，将军破了白马山呵，小妹转一弯；来到呀，炉栅滩，看见大洋街呀，大洋街过一呀街呵，小妹转一弯；来到呀，东官呀，看见葫芦山呀，葫芦山脚乌石滩呵，小妹转一弯……"

哑口背疯："哑口背疯"源于民间的一个动人传说：有一位家财万贯的员外，盘剥穷人，心狠手辣，天上神灵得知此事，有意给他降生了两个败家子，败其家财，以示惩戒。一天晚上，员外已故的父亲托梦给他，要其从速改恶从善。员外开始半疑半信，后应验其梦，才决心改之。从此，他积德行善，救济穷人。神灵知其改过，便收回败家子。当时有户人家，夫为哑巴，妻下肢瘫痪，生活极端困苦，获悉员外施仁从善，便前去求助。因妻子残疾，行动不便，丈夫便背着妻子一同前往，他们跋山涉水，历尽千辛万苦，最终如愿以偿地得到了员外的救助。

一人同时扮演哑巴和风瘫婆两个角色。扮演者上半身为风瘫婆，下半身为哑巴，用特制的人形道具表示哑巴驼背的上半身和风瘫婆弯曲着的下半身，加上走路动作的惟妙惟肖：身如负重，步履维艰，颤颤巍巍，一步三摇晃，形成一组完整的哑巴背风瘫婆的生动造型。这个题材在婺剧和民俗舞蹈等剧目里都有详尽的剧情和形象的展现。

三姑六婆："三姑"指的是尼姑、道姑、卦姑；"六婆"指的是牙婆、媒婆、师婆、虔婆、药婆、稳婆。扮演者一般为女性，而且角色也不一定完整。穿着打扮与影视作品中的角色差不多。如尼姑穿黄色或褐色的大领衣①，项挂佛珠，打着响盏②。稳婆即接生婆，在前面"接生婆"已有专门叙述。比较吸引眼球的是媒婆，着短衣，梳头髻，打扮妖冶，左跳右蹦，扭怩作态，手持一根夸张的竹子大烟管，并和着脚步，不断舞动大烟管；烟管上悬挂大烟袋，一手同时捏着手帕和火媒，不时做点烟和抽烟状。一媒公做陪衬，穿着长衫，戴黑色瓜皮帽，一手持水烟管做吸烟状，一手执折扇。媒婆媒公，配合默契，诙谐有趣。

术士、郎中等：算命的穿着大领长衫，头戴文士帽，肩挎长方形的字牌箱，手执探路竹竿。占卦者戴眼镜，穿青色长衫或印有八卦花纹的大领衣，头戴印有太极图案的纯阳巾（帽），手摇响铃或手执书本。和尚头戴济公帽，穿黄色大领衣，胸前挂着佛珠，手敲木鱼，口中念念有词。民间把诸葛亮归为道士，故在三十六行中，诸葛亮一身道士打扮：长髯飘胸，穿印有八卦图案的青衣，头戴纯阳巾（帽），手执鹅毛扇。郎中头戴青色大檐帽，穿青色长衫，一般戴着眼镜，肩挎方形药箱。还有用古老的油纸伞扛着包袱的"凤阳婆"牙医。据说，旧时，安徽省凤阳县地少人多，特别是在灾荒年间，为了生存，许多妇女单独或结伴行走江湖，学会了凤阳花鼓和治疗牙齿的手艺等，以赚得聊以糊口的收入。她们来到某个村坊时，一般都是腰上扎着凤阳花鼓，两手拿着打鼓的鼓槌，口中喊着"治牙""挑牙虫"。一般都统称她们是"凤阳婆"。

各类艺人：艺人里，打花鼓最引人注目，叫"凤阳花鼓"。它的来历有个凄凉的故事。据说安徽凤阳在出了朱元璋后，"十年九

三十六行角色：媒公媒婆

三十六行角色：和尚、道姑、道士

---

① 也有穿青白相间的衣服，帽子上还附有白色的飘带。
② 响盏：现在一般都是用自行车响铃的盖子改装而成。

荒^①"，百姓生活苦不堪言，难以为继。有一对姑嫂，一人打鼓，一人敲锣，两人对唱，流浪各地卖艺乞讨谋生。她们还时常受到地痞流氓的滋扰，处境艰难。请听："打阵锣来打阵鼓，打阵锣鼓听唱歌；别样山歌都不唱，单唱一支凤阳歌。说凤阳来道凤阳，凤阳本是好地方；自从出了朱元璋，十年年成九年荒。大户人家卖牛马，小户人家卖儿郎；奴家没有儿郎卖，身背花鼓走四方……"本节目由两位不同打扮的姑娘表演。她们或梳头髻，或扎鼓角，着不同颜色式样的古短装。她们分别把乐器有节奏地擎过头顶敲打，一人打小花鼓，一人敲锡锣。她们有序地进进退退，蹦蹦跳跳，或前或后，或左或右，或同向或相向，或原地或挪步，你来我往，一唱一和，配合默契。在迎案表演中，还有一位头戴小生帽，身穿花花绿绿公子服，手摇折扇的浪荡公子贪图她们的美色，在她们两人之间穿梭搭讪，嬉皮笑脸，举止轻浮猥琐，极尽调戏之能事。

耍猴者^②头包布巾，一身打杂人打扮。一手执皮鞭，一手抓铁链，铁链一头拴着"猴子"^③。"猴子"一般由孩子扮演。表演时，"猴子"时不时打几个飞腿，翻几个筋斗或打几个滚，因为是拴着，所以耍猴人经常被"猴子"反牵得东奔西走。

唱道情的身穿长衫，腰挎一米多长的道情筒，不断拍打，有的边走边唱。

八仙：八仙也耐不住仙境的寂寞，相约来到人间，跻身于凡夫俗子的行列，凑凑热闹。八仙的装束打扮与戏剧中的角色相仿。表演动作较少。比较辛苦的是铁拐李，拄着拐杖，一瘸一拐地赶路。其他的只是亮着各自的随身宝物走走过场而已。

花花公子：此角色为男，但男女均可扮演。因这个角色，有时要调戏妇女，故一般由女人扮演，这样可免除许多尴尬。着古代富家子弟的花花绿绿的纨绔风格服装，戴小生帽，手执折扇乱摇，四处游荡。踏着碎步，摇头摆脑，手舞足蹈，一副浪荡淫邪之相，见美色即朗声淫笑，上

三十六行角色：打花鼓

---

① 九荒：据说是指大旱三年、水灾三年、蝗灾三年。
② 耍猴者：也叫"凤阳婆"。
③ 该角色穿黄色衣衫，类似孙悟空形象。

前调戏。在表演时，没有固定位置，可单独行动，也有与打花鼓搭档的。

各类小贩：生意人的扮演，根据实际情况，可多可少。一般都穿与自身身份相匹配的衣服，携带相匹配的器具和货物。如小货郎、卖白糖①的，肩挑上面放木格盒或铁皮盒的笼箱，手摇拨浪鼓，口中发出富有韵味的吆喝；贩布者肩上背着布匹；还有换豆腐、卖酒醋的一些小贩；等等。在此不一一赘述。

各种匠人：这些人大多穿短衣，或扎着头巾。并且都带着自己行业相应的用具。石匠手拿铁锤和铁錾；木匠背着斧头和角尺；泥水匠拿墨斗和泥刮；裁缝手拿剪刀和尺子；打铁的肩背大铁锤，手拿铁钳；剃头匠挑着剃头担或手提长方形的剃头箱；弹棉絮的身挎弹弓，手拿木槌。可以根据条件增减其他匠人。还有打小铁、补锅、铸铜勺、铸锅铲的等等，一般是挑着用铁丝或竹篾做的小木箱和风箱，木箱上放着小铁炉，并吆喝着，如："铸铜勺铸锅铲哎——""修锁配锁匙哎——"。再如挑着小木箱，担头上挂满破鞋和擦鞋的刷子以及锤子、剪刀之类的补鞋匠，等等，不一而足。

常见职业：有农夫、渔翁、船工、樵夫、厨头②、戏子等。农民和樵夫穿短衣，头缠包发巾。农夫腰系双幅腰裙，掮着木质锄头或微型的犁、耙、耖；樵夫腰绑柴刀，肩负担子或绳索；船工穿淡黄色宽袖大领短衣，戴宽边平顶或尖顶的毡帽，围白色腰裙，双手握船桨，做划船状；渔夫皓髯飘逸，穿着与船工差不多。手握钓竿，腰挂鱼篓，鱼线下端勾着一条纸剪的鱼或玩具鱼③；厨头，一般由男人充当，头戴高帽，胸围腰裙，手握锅铲；戏子一般与婺剧中角色的着装和打扮相同，通常以花旦为主。其他还有诸如肩挂杀猪刀、腰系油腻腻的粗布围裙的屠夫，满街坊吆喝招揽生意的阉猪人，等等。

先生、学子：先生穿蓝色长衫，戴高高的文士帽，肩挎插袋。前后走着一群身穿蓝衫、手捧书本读书的学童。此外还有戴文士帽，身穿蓝色长衫，手捧书本，为博取功名而寒窗苦读的书生。

其他：其他诸如戴着礼帽穿长衫的大客商，摇着折扇，拥抱着穿旗袍的妖冶女子，大摇大摆地招摇过市；还有贼头贼脑的白撮④；

---

① 白糖：这里指麦芽糖。
② 厨头：即厨师。
③ 这个角色有些地方叫作"姜太公"。
④ 白撮：指小偷。

打扮妖冶的妓女；身穿黑衣，一脸凶相的劫贼；锅灶泥在脚巴肚^①的吊儿郎当的流浪汉；为富贵人家服务，低三下四地提着一把大尿壶的下人^②；等等。不一而足。

（四）其他案

采访者：除了前面讲的罗汉、三十六行、大莲花以外，还有哪些案队？有些什么讲究？

胡文相：这样还有长幡、大头娃娃、秧歌、纸扇舞、花篮舞、铜钿棍和腰鼓队。

1. 长幡。长幡也叫毛公旗^③或长旗。通常用布制作，三角形的幡头连接长方形的幡身。幡的种类繁多。原用于古代王侯的仪仗队，或作为猛将的指挥旗，后长幡成为武士或武将在战场上夸耀功劳的标志。由于佛为法王，能降伏一切魔军，所以视幡为庄严的器物，常用来赞叹佛、菩萨及装点庄严的道场，以显示佛及菩萨降魔伏妖的威德。在中国早在一千五百年前，长幡就用作佛事了。在献山庙会中出现长幡队，也说明佛教和道教两教的融合。

另外，民间在丧葬时所用的魂幡，也是从幡演变过来的。这种

案头旗、长旗

---

① 锅灶泥在脚巴肚：缙云俗语有"锅灶泥脚巴肚"之说，比喻单身一人或无牵无挂的流浪人。泥，动词，"砌造"的意思；脚巴肚，小腿。
② 下人：指奴才。
③ 毛公旗："毛公"为缙云土话，即蜈蚣，因固定旗身的竹篾极像蜈蚣张开的足而得名。

魂幡在不同的时代和地方就有不同的形式，在这里不作深入的讨论。古代帝王出巡的时候，也都是以长幡来壮大自己的声威。

迎案的长幡一般由三角形或长方形的红布幡头，五米左右的幡身等部分组成。大多为白色布质，有镶锯齿状或平直的红边，也有不镶边的；幡头上书"献山庙"三字；还有在顶上扎红花或悬挂流苏穗球等等。旗身上下、中间都有竹篾支撑，固定在一根长竹竿上。幡身上写着一些表达人们美好愿望和对陈十四娘娘表示诚信和敬仰的文字。如："六位天仙娘娘护国佑民功德无量""陈十四娘娘显灵献山国泰民安风调雨顺""献山大殿六位天仙娘娘威灵显赫有求必应""人诚神灵国运昌隆天下太平""风调雨顺五谷丰登四季平安""献山圣母真神降福保黎民""圣母娘娘佛光普照保全万国生民""欣逢盛世民心归一"。雅江点因旧时有六个保①参与庙会，故有人写"六位天仙娘娘六保士庶胜会"，比较有特色。如此等等，就不一一说了。也有一些干脆就不写字的，任由人们自己去理解。

长幡队在案队中比较突出，远远就能看到。扛长幡者不需要很高的技术，着装与罗汉队员差不多，打着绑腿，有时在头上扎一个英雄结，但需要足够的体力和耐力。迎案时，队伍排成"一"字形依次行进，风鼓旌旗，遮天蔽日，猎猎作响，加上锣鼓声声，号角阵阵，尤其在弯弯曲曲的路上，更有动感的美。

在会案表演中，长幡也是装点场面、营造声势、呐喊助威的道具。

2.大头娃娃。"大头娃娃"是由"十八狐狸②"演变而来。十八狐狸以前也叫"大头和尚舞"。南宋时已有"上元佳节，装演大头和尚"的记载。表演这个节目，是为了消灾祈福。可分为三大类型：第一，滑稽扮演一些破戒僧调弄柳翠娘故事的"柳翠戏"，舞蹈形式一般为二人表演，一人饰和尚，头戴笑和尚的面具，手拿拂尘或蒲扇；一人扮柳翠，头戴大头面具，手执扇子或手帕。和尚有掸尘、拜佛等动作，柳翠有搔面、搔耳等表演，以及两人嬉逗、追逐等即兴舞蹈，动作夸张，风趣幽默，逗人发笑。第二，笑面神僧逗狮

大头娃娃

① 保：民国时期县以下基层行政组织，大致相当于现在的一个行政村。
② 十八狐狸：也叫"十八要离"，所戴的面具，土话叫"鬼脸壳"。

子而跳的"狮子舞"。第三，只有和尚戴大头而舞，没有柳翠或狮子出场的一些"舞蹈"形态，后来发展到大头娃娃舞，一般分两队，每队四至八人不等，男队戴男大头娃面具，女队戴女大头娃面具，穿红绿绸衫，腰系绸带，行进时形成扭秧歌队形，广场表演有相互穿插、逗趣、嬉笑等动作。献山庙会的大头娃娃，一般由女性表演，她们戴着面具，一身彩衣，手执折扇，边走边舞，忸怩作态，几步一回头，一直微笑着的面孔憨态可掬，表演的舞蹈，动作机械、诙谐、滑稽，扭捏出万种风情。锣鼓节奏别具一格，充满欢乐气氛。

在献山庙会上，田洋点田洋村的大头娃娃舞阵容较大，并对原大头娃娃的表演形式进行改革和创新，富有特色，是同类队里的佼佼者。一般有四十多人参加，富有特色：她们左手持花伞，右手耍彩巾，随着欢快的音乐旋律，扭动着娇美的身躯，跳着轻盈的舞步，并不断变换成或方形或圆形的队形，一边转动花伞，一边挥舞彩巾，花伞和彩巾配合默契，运用得恰到好处，充满欢乐祥和的气氛，收到了很好的艺术效果，赢得了观众的好评。

3.秧歌。秧歌源于宋，成于明，盛于清。扭秧歌是汉族尤其是我国北方地区最具代表性的一种民间舞蹈形式，也是大型群众性娱乐、欢庆、宣传的主要形式。秧歌舞表演起来，生动活泼，形式多样，多姿多彩，红火热闹，规模宏大，气氛热烈。因而深受广大观众的欢迎，是人们喜闻乐见的艺术形式。

有种说法，秧歌起源于插秧耕田的劳动生活，又和古代祭祀农神祈求丰收，祈福禳灾时所唱的颂歌、禳歌有关。在发展过程中不断吸收农歌、菱歌①、民间武术、杂技以及戏曲的技艺与形式，从而由一般的演唱秧歌发展成为民间歌舞。但是，在没有水田、不种稻、不插秧的东北、西北、华北地区，秧歌的流行程度更甚于南方，这说明，北方的秧歌与插秧无关，为农闲时或新年时的一种游艺性化装表演。至清

扭秧歌

---

① 菱歌：民歌的一种形式。

代，秧歌已在全国各地广泛流传。

现各地的秧歌一般以秧歌舞队为主要形态，舞队人数少则数十人，多则上百人。一般呈舞队的形式，且行且歌且舞。在迎案的途中，一般以两路纵队为主。扭秧歌有"少女之歌"的说法，故参加者一般为年轻女性，但本地近年来也有中老年妇女，甚至四五岁的小女孩儿扭秧歌，可谓老妪幼女齐上阵。服装一般不很统一。但必须腰扎红布带，两手挥舞着红带的两端，和着胡琴、唢呐欢快的"|5 6 5 6||6 1||5 1 6 5|3 2 3|……"的优美旋律，踏着轻快的舞步，扭动着灵活的手臂和轻盈的腰肢，让身体肆意摆动；红带翻飞，进退自如，伸展有度，尽显青春活力；扭出满腔的幸福，迸发出心灵的吼声。此时此刻，充满了撩人心绪的幻梦、回忆与向往。

在解放前的献山庙会中，是没有秧歌的，是在解放后盛行起来的，开始的时候，也都是男人参加的，后来才有女性参与，现在都是清一色的女性了。

4.纸扇舞。纸扇舞各地参演的人数、年龄、形式均有所别，本地一般老年妇女居多，人数从十几人至二十几人不等。统一着装①。一人敲小鼓，一人打。其他人两手分别拿一把纸扇②，像蝴蝶翩翩起舞，上下翻飞，左右挥舞。动作灵活多变：或白鹤亮翅，或老鹰展翅，或两扇一前一后同时向左向右摆动。踩着鼓点，或退或进，忽左忽右，手脚配合默契。

5.花篮舞。花篮舞舞蹈的形式，人物的装束，各地差别很大，本地一般由成年妇女组成，统一着装，人数在十几人以上。乐器为锣鼓。队员们手捧花篮，就着鼓点，踏着轻快的

小秧歌队员

纸扇舞

花篮舞

铜钿棍表演

---

① 着装包括头巾。
② 也有用其他的羽毛扇、布扇等。

舞步，进进退退，扭动着腰肢，作弧形滑动。花篮上下翻飞，左右舞动，动作优美，整齐划一。

6. 铜钿棍。铜钿棍还有"打花棍""霸王鞭"等多种名称。通常是一根长三尺左右、拇指粗细的竹竿或木杆，将其两端刻出槽子，插上销子，串上铜钿或金属圆圈，横竖间隔，两端再根据舞蹈系上绸带、绣球等。打铜钿棍是一种简朴、精练、形象、快活的乡土文化。起源于出门乞讨的穷苦百姓随身携带的打狗棍，后在棍中间嵌入铜钿使其在摇动时发出声响，同时配合歌舞表演，以此求得施舍。表演者一般为妇女，也有小女孩儿。她们手握铜钿棍载歌载舞，伴随鼓点或其他乐器的节奏有规律地敲打腿、脚、肩、后背等。一般是右手执棍，也有双手执棍的。舞动时，棍上铜钿碰击，声音铿锵清脆，优美动听，节奏分明，彩带飘舞，热情欢快，动作干练，气氛热烈，场面壮观。极易激发人们的愉悦情绪。

7. 腰鼓队[①]。腰鼓，是融舞蹈、歌曲、器乐于一体的节目，具有队形多变、刚劲豪放等特点。

早在秦、汉时期，腰鼓就被驻防将士视同刀枪、弓箭一样不可缺少的装备。遇到敌人突袭，就击鼓报警，传递信息；两军对阵交锋，以击鼓助威；征战取得胜利，士卒又击鼓庆贺。随着时间的流逝，具有军事用途的腰鼓逐渐发展成为当地民众祈求神灵、祝愿丰收、欢度佳节时的一种民俗性舞蹈，从而使腰鼓具有更大的群众性。

腰鼓的表演形式可大致分为"路鼓"和"场地鼓"。"路鼓"是腰鼓队在行进中边走边舞的一种表演形式，"路鼓"由于在行进中表演，一般动作简单，幅度较小，多做"十字步""走路步""马步""缠腰"等动作；"场地鼓"是指腰鼓队到达表演地点，打开场子后的表演形式。载歌载舞，表演节奏由缓慢逐渐加快，动作幅度较大，队形变化繁多。腰鼓队员统一着装，鼓带斜挎右肩，鼓贴左腰。双手各持一槌。众鼓手在锣鼓钹或头路鼓子的指挥下，精神振奋，脚步进退多

打腰鼓

---

① 也有军鼓队。

变而有序。双手并用，只见鼓槌挥舞，彩绸飞动，鼓声浑厚，好似春雷滚动；气势磅礴、富有节奏，极富感染力。

五、案队人员有讲究

采访者：胡老师，对参加迎案的人有没有条件限制？需要具备哪些条件？

胡文相：所有有活动能力的健康人都可以自愿参加庙会，从三四岁的小孩到七八十岁的老人，不论男女，甚至是外村暂住在胡村村的人，还有一些胡村人的亲友，只要你自己愿意，都可参加，一般也可根据自身条件和爱好，自愿选择节目。有时参加各个案队的人数比较悬殊，各案队的负责人可以适当动员调整。

从古到今没有变化的，那就是对背案头旗、背万岁牌、抬娘娘轿和提香灯等人的要求是很高的，挑选的标准也是相当的严格。案头旗代表着整个案坛或首事村的荣誉，是整个案道的象征，背案头旗需要为庙会做出重大贡献或具备一定的资格。如胡村胡春驮，自从献山庙开始迎案，他家的祖辈就自费做了一面案头旗参与迎案，就这样一代一代地传承下来。在其他地方，背案头旗人员的条件与背万岁牌人员一样。

背万岁牌、抬娘娘轿、执掌扇、执武器和提香灯的人，以前一律为男性。特别是对背万岁牌的人要求相当严格："八字"要好，也就是年纪较大，身体健康，在村里德高望重，夫妻必须双全，有儿有女，人丁兴旺，并且儿女必须健在，孙子孙女满堂更好。随着时代的发展，理念的变化，提香灯现在改为中老年的女性，其他条件没有变化。现在恭迎娘娘的仪仗队以少男少女为主，没有硬性要求，执掌扇的一般为女性，执刀、剑、锏、鞭、锤、棍等武器的一般为男性，成人和孩子都可以。当然，如果真找不到合适的人选，可以适当放宽要求，但一般本人都不好意思参加，怕别人背后议论，自己心里也没有底气，也有些人具备条件而不肯参加，也不能强求。抬娘娘轿需要挑选八个人，上场四人，中途需要轮换休息，新手老手兼顾。

任何事情都有两面性，有时你选择他，他也要选择你，也就是双向选择。有些案队，如三十六行等缺少某一角色，急需有人扮演，这都需要做认真细致的思想工作，千方百计动员他们参加。比如，迎罗汉中的罗汉顶，必须是幼儿，有些做父母的就舍不得，也有怕做了以

案头旗

万岁牌

案头旗和万岁牌

后，将来就没有出息了。如三十六行中的做官的角色①，很多人，尤其是较出色的年轻人就不肯扮演，怕现在做了假官，走过了这个场，也算是做过官了，将来就做不了真官了。如有人在命里犯有官符②，反而非常乐意做三十六行里的"犯人"，用这个扮演假犯人的角色，避免将来做真的犯人，但有些没有这个关煞的人反而不肯做"犯人"，认为做了就有晦气了。还有罗汉队中的"大刀头"，必须要选择比较懂行，有一定威望的人担任，他们在踩街、参阵时都走在最前面，他们是领头羊，起着带头示范的作用，对整个罗汉队都产生影响。

还有很多具体的情况，在这里就不一一讲了。

采访者：庙会活动除了迎案人员外，主要还需要哪些场地，目前现状如何？

胡文相：平时训练、出红台和同坛巡演的场所主要是各村的娘娘宫、大会堂、晒场、操场、大路等。

七七庙会活动最主要的场所是献山庙上下厅、台阶和大殿前的场地。遗憾的是，经过千辛万苦争取到的设施齐全、布局合理的建筑物，在"文化大革命"时期完全被毁灭了。大殿上下厅、三层楼和四座戏台被拆毁搬走，连石板台阶都被搬运一空。更严重的是，大殿前的场地被村民占用建房，至今仍然这样，给庙会的展示展演造成了极大的不便，严重影响了庙会的正常开展，迫切需要恢复原貌。

---

① 角色包括清官和糊涂官。
② 指犯法见官的命运。

六、七七庙会意义深

采访者：胡老师，年年举行的七七庙会，您觉得都有哪些积极的意义？请您谈谈这方面的内容。

胡文相：好的。献山庙会是缙云民俗文化的缩影，它包含宗教信仰、娱乐消遣、体育竞技、表演艺术、婚姻习俗、走亲访友等许多内容，涉及信仰、民俗、文化等许多领域。庙会期间的民间文艺表演内容丰富，地方特色鲜明，具有很高的艺术观赏性和民俗学研究价值，也极大地丰富了群众的精神文化生活。

我认为，庙会活动的意义是多方面的。通过庙会，对广大民众进行了民俗文化和道德规范的教育，是典型的寓教于乐。庙会极大地丰富和满足了广大农民群众的精神文化需求。许多村民，平时分散独处，默默无闻，自卑感很强，现在能有机会与大家一起参加庄严的庙会活动，感到非常自豪，因而参与的自觉性也十分高涨，心理上获得极大的安慰和满足。庙会活动强化了集体意识，增强了村落之间的联系，维护了村落间的社会秩序，促进了人与人之间的和谐，加强了各案坛、各村及村民之间的交流和合作，增进友谊与团结。庙会活动形成的精神价值，对营造安定祥和的社会风气及促进地方文化和经济的繁荣发展都具有很大的积极作用。

采访者：庙会对商品交流的作用是很明显的，那献山庙会体现在哪些方面？

胡文相：献山庙会为小商贩们提供了创收的机会。小商贩是献山庙会的重要组成部分，如果没有他们的参与，那庙会是不完整的，至少在三十六行中，扮演犯人的表演要是没有商贩的配合就不完满。为增添意趣，在迎案中，允许"犯人"用嘴①叼走沿途商贩售卖的烧饼、油条之类的小吃，后面的"解差"或"官员"给他们付钱。可以这样说，没有商贩的推波助澜，庙会根本就没有这样大的规模，也没有这样的热闹。你想，商贩本身就是一支有几百人的庞大队伍；更不要说大部分的孩子，也包括部分的成人，都是冲着商贩的商品去参加庙会的。特别是一些平时很少外出的人，往往借此机会开开荤，尝尝鲜。其实在七七庙会前的出红台、案坛会案、演戏时，许多小贩已经

---

① 因为"犯人"双手被绑着。

参与其中了。庙会期间，他们有的是远道而来的淘金者，有的是附近各村的"土著"；他们有的沿途设摊，有的在大殿周围坐镇等待顾客光临。他们出售各种小吃、水果、饮料、玩具、用具，或出租玩具、用具等。出售的有些还是平时无处购买的富有特色的物品，如饮料中最解渴的木莲豆腐等。旧时，特别是烧饼摊、面饺（馄饨）摊和天萝絮（油条）摊最有名。为吸引顾客，商贩们各显神通，使出看家本事，笑脸相迎，声声吆喝，讨价还价之声源源不绝，为庙会增添了许多热闹和乐趣。他们也是庙会期间最大的赢家。参加庙会的许多人，平时比较节约，但在皇帝大赦似的那一天，在欢乐轻松的气氛下，也都出手大方，舍得花费，尽可能满足孩子们的各种要求和愿望；平时对孩子许下的诺言，往往在庙会期间予以兑现。

采访者：胡老师，献山庙会是当地一个重大的节会，是否促进了人际交流？

胡文相：是的呀。庙会为亲朋聚会交流搭建了平台。赶庙会也是人们走亲访友的大好机会。所在地农户都以客多为荣，为尽到自己主家的责任，一些农户经常是接待几桌甚至十几桌来客。大家有说有笑，非常高兴，呈现出一派喜庆祥和的气氛。庙会期间，客人或主人都像过大年似的，穿上节日的服装，甚至比过新年时穿得还光鲜，以此参加庙会、走亲访友或接待亲朋。所以有"抱佛穿衣"之说。除前面提到的本案坛会案时，大家相互走访外，献山庙周边村庄，尤其是案道沿途路过的村庄，留守在家的人，在路口或家中预备茶水和饭菜招待亲朋及沾亲带故的客人。有些平时不大来往的亲朋，也往往借献山庙会之机走访会聚；有些本来正月要拜年的，也等到庙会期间走访，既拜了年，又参加了庙会，一举多得。有些路远的，前几天就到庙会附近村庄的亲朋家看戏看案了，营造出一种浓浓的节日氛围。也有在庙会现场碰头会聚的。因此庙会也是每年除正月拜年外又一次亲朋好友的大聚会、大交流，欢快热闹，其乐融融，呈现一派祥和欢乐的节日气象。

献山庙是三教九流的理想会聚之地，庙会之日更是会聚之时。除前面所讲的人物外，还有如算命测字、看相问卜、鸟啄测命①、解读签诗、起名取字的、江湖游医等等，也赶来凑个热闹，乘机挣一点

---

① 指小鸟随机叼啄预测的字牌。

钱，分享一点好处。再有如唱鼓词、唱道情、耍猴戏等民间艺人，甚至还有乞丐等，也挣讨一点钱物。当然也有如小偷之类需要提防的人物。

庙会还为青年男女求偶创造了条件。山寨守夜，也叫"山寨寄梦"。现在每年从七月初六下午开始，县城至章村或至招序的麻风岩、县城至田洋或至岩坑的公路上，满路除了人就是车，像蚂蚁取龙①一样。特别是在夜晚，车灯闪闪，好像一条不见头尾的火龙在游动；四条古道，几乎每级台阶都有燃着的蜡烛，照着人流，这实在是一道不可多见的景色。成千上万的人，从各地向献山庙进发，浩浩荡荡如条条江河流向大海，他们各自带着美好的梦，在庙宇周围及其附近山地安营扎寨。人群也挤满大殿的上下两厅，人头涌动，摩肩接踵，非常拥挤。这个时候，人们大量扎堆献山庙，有一个重要的想法，那就是平时大亲娘驻守在福建古田的临水洞，唯有七月初七这一天，是实实在在地亲自来到献山庙，因而特别灵验。他们有的为抢烧头炷香，有的则为求签祈福，有的为"圆梦"②预测，有的为了求财致富，有的为了观光体验，有的为了会友联姻，有的完全是为了赶热闹，有的几样都兼有，就不一一讲了。

在山寨度夜是庙会的一个重要组成部分，也是一道美丽的、别的地方不可能有的风景：夜色朦朦，星光闪闪，火光点点，人影晃晃，礼花冲天，彩灯耀眼；香客、游客三五成群，有的在露天，有的搭帐篷，有的说悄悄话，有的观看风景，有的谈情说爱，有的放开喉咙唱歌或大呼小叫；欢声笑语，这边停了，那边又起了。大家在属于自己的时间里和地点上，没

解读签诗

山寨守夜：点烛

求签圆梦

山寨守夜：篝火

---

① 蚂蚁取龙：指蚂蚁搬家。
② 圆梦：睡在大殿里或周边附近，根据梦中的所见所闻，预测人事的吉凶。

有拘束，把平日里的一切琐事和烦恼抛掉了。其中大部分是专为求得美好姻缘而来的青年男女。在旧时，男女青年受封建礼教的束缚，不能公开地交流接触，姑娘们更不能随意外出参与社交活动。只有在庙会期间，才可以名正言顺地走出家门，参加案队或当观众，才有机会接触异性，讲出心里话、谈情说爱，约会朋友和心上人。牛郎织女的"七七相会"，更增添了"七七庙会"的浪漫色彩和丰富内容，因而七七庙会对部分青年来说，也就成了"相亲会"，或干脆就叫作"情人节"。这种延续数百年的最原始、最古典的相亲方式，至今仍然吸引着单身的青年男女，具有强大的生命力。

这一夜，庙宇及附近山头或空地从夜晚到天亮，灯火通明，热闹得不得了，是实实在在的没有黑暗的夜晚，没有人睡觉的夜晚。

采访者：庙会期间往往会下雨，以缓解旱情。当然这是一种自然现象，但这里的人们把这事说成是娘娘带来的，有这种说法吗？

胡文相：我们这里自古传说大亲娘洗大殿会带来大雨。传说大亲娘特别爱干净，庙会期间，人山人海，污染了会案活动场所及周边地方，大亲娘便施展法力，在七月初七当天傍晚或第二天普降大雨，进行清洗。名字虽然是"洗大殿"，其实洗的是大殿周边露天的地方。有时，大亲娘急了点儿，没有等参加庙会的人员撤离或还在半路，就急着洗起大殿来，使大家都成了落汤鸡。众人不仅一点怨言也没有，还说大亲娘真有灵性。以前，农民靠天食饭，雨水是农业的命脉，每年这个时候，大多是晴旱天气，所以献山庙周边的农民都把希望寄托在七七庙会的"洗大殿"上，在焦急中等待着七七庙会快点到来，恳望大亲娘千万别忘了施雨洗大殿，借这个机会缓解旱情。这个习俗十有八九灵验。因此"洗大殿"被认为是庙会给乡民带来的最实在的好处，因此更坚定了人们对大亲娘的信仰。

采访者：您刚才讲了七七会的意义，那么，从中华人民共和国成立前开始一直到现在，您参加过或组织过那么多次的迎案，其中有什么发展变化？

胡文相：迎案的项目上是有变化的。中华人民共和国成立前，传统案道的节目有罗汉队、三十六行、长幡队、大莲花、大头娃娃、十八狐狸等；中华人民共和国成立后，大家为庆祝解放，从外地引进了秧歌队；近年来新增加的有铜钹棍、腰鼓舞、纸扇舞、花篮舞等。

特别是罗汉队、三十六行和大莲花最有地方特色，最有影响力，是会案表演的精华部分。许多案种在几百年的发展变化中，不断加入新时代的东西和地方的特色，内容越来越丰富，形式越来越完善，形成自己的风格。但有些案种已消失或正在消失，如抬阁、高跷、翻车、推车、舞狮等，罗汉中的铜钿索等已不多见。同一案道，在不同的时代或在不同的案坛，内容、形式和风格也略有区别。

在中华人民共和国成立前，所有案队清一色为男性，没有女性。即便在大摇船、三十六行等节目中，所有女性角色，也都是由男人扮演的。这有多方面的原因，在身体条件上，古代女人裹脚，行动不便；再是受封建礼教的影响，女人是不能随便抛头露面的，特别是不能参与公共的娱乐活动。如果有女人去参加了这些活动，就会被认为是水性杨花不正经，被大家看不起。中华人民共和国成立后，特别是改革开放后，随着大量男人外出打工等，女人逐渐参与迎案，比例逐渐增加，如大莲花完全被女性所取代，还有秧歌、花鼓舞、花篮舞、纸扇舞和铜钿棍等更是清一色的女性，甚至如难度很高的罗汉队，也有女性参加，如沿路头村还有女子罗汉队。

任何东西在发展演变的过程中，都会受到社会发展的影响，或多或少、或直接或间接地吸收新时代的东西，庙会也一样。如前面所讲的娘娘神像的接送、案头旗的交接等等，都与以前大不一样。现在虽还有衣裳要洗，但随着农村牛羊等牲畜的消失，"牛粮"就没有必要置办了。当然更无敲锣宣讲的热闹。现在如若有什么通知，也都是用广播了，近年还用了手机，虽然非常方便，但浓浓的欢快的节日气氛没有了。

近几年来，其他地方庙会的内容和形式也传入缙云，致使各地的庙会相互掺杂，丧失了庙会原汁原味的地方特色；也使献山庙会失去了独特的新奇感和吸引力。以前参加庙会，不管远近，几乎都是走路，那时把结伴走路当作一种乐趣。现在就不同了，到稍远一点的章村、东山、招序、田洋、岩坑等地都是坐车，然后再上寨。附近各村还没有为此做好准备，造成车也没有地方停，存在安全问题，也影响大家的兴趣。以前案队过村过畈，都要表演一番，村民都放鞭炮接案，现在都不表演了，没有了以前的快乐。

七、庙会文化需光大

采访者：胡老师，您认为张山寨七七会这项庙会文化如何在新时期发扬光大它的积极意义？

胡文相：靠代代传承的张山寨七七会庙会文化，因为多种原因，特别是"文化大革命"时期，张山寨七七会中断数年，足足断了一代人，造成人才青黄不接，缺乏后继人才的局面，因而庙会的有些内容已经失传，有些到了失传的边缘。真正懂行的人不多，愿意刻苦学习的人太少。再是人们生活水平提高了，甚至迎案人员也先坐车到半路，然后再组队去献山庙，缺乏吃苦耐劳和敬业精神。现在年轻人一般贪省力，基本功不够扎实，很多动作做不到位，不规范，质量上打了折扣。

现在大部分迎案主力青壮年都外出打工。以前少数也有外出，都能够在献山庙会期间赶回来，现在有些工作难以脱身，大多不回家，在家的人也不愿参加，表演人员严重不足。上阵的大多是留守的妇女儿童和老男人，水平参差不齐，严重影响了表演效果。

现在其他的娱乐比较多，如电影、电视、电脑、手机、麻将、扑克等等，村民参加迎案和观赏的兴趣逐渐淡薄，人数大为减少。以前，在紧张繁重的劳作之余，参加迎案是发自内心的自觉行为，是对大亲娘的真心爱戴，感到自豪和充实。看案是一种享受；而现在往往把参加庙会当成是一种负担，而且还需要适当的经济刺激，连看案也没有了积极性。以前是"锣鼓响，脚底痒"，现在锣鼓响了，有些人的脚底也不会"痒"了。

采访者：针对您刚才说的这些情况，您认为今后该怎么做，才

叠罗汉传承教学

罗汉阵教学

能使七七会发扬光大？

胡文相：“献山庙会”在四百多年的传承发展中，形成了独特的地方特色，打造了我县一张地方文化名片，是一笔不可多得的非物质文化遗产。当然，献山庙会成为国家级非遗，这不是最终目标，更不是万事大吉。这只是一个机会，一个良好的开端。整理、研究、发扬光大庙会文化已经非常紧迫。根据目前的情势看，庙会前途不容乐观，充满变数，一些靠口传身授的庙会知识和套路正在慢慢消失，按照目前的状态发展，庙会面临消失的危险，这绝非危言耸听。

丽水市文化局许卫东副局长（中）、胡源乡党委书记丁均盛（右）等考察胡村小学非遗陈列室

所以，我认为必须采取切实有效的措施，正视现实，与时俱进，在原来的基础上加以改革，进行创新，抓住机遇，迎接挑战，努力克服发展中的困难，使“献山庙会”不断发展，有一个更为美好的前途。目前在庙会文化的收集整理方面，做了一些有益的探索，如陈喜和老师的《张山寨七七庙会》，但还是处于初始的收集整理阶段，谈不上很深的研究。切望行政部门予以重视支持，民俗文化相关部门予以协调指导，民间庙会文化爱好者能够继续挖掘整理，比如那些行将消失的迎案套路，承担起自己的历史职责。鼓励老一辈的传承人，大力传帮带，培养下一代庙会的传承人，共同抢救极具特色的献山庙会。要合理透明分配或使用有限的经费，充分调动广大群众参与庙会的积极性。必须拆除清理大殿前面广场被村民占用建造的房屋，恢复戏台一座，建造民宿几间。只有这样，才不至于让献山庙会文化在我们这一代人手中消失。这样，从小的方面说，能为广大民众提供流传了几百年的原汁原味的地方文化大餐；从大的方面说，使这项国家级的非物质文化遗产能够代代传承，发扬光大！

八、献山庙宇有故事

采访者： 张山寨七七会的主要依附物是献山庙，这个庙远近闻名，它有些什么特色？这个庙名称是怎么来的？

胡文相：先讲下献山庙的地理位置和风景吧。在胡源乡招序村

献山庙远景

东北面，溶江岩门的南面，有一个山冈，外形像个圆球，在它的西北边有一座小山，非常像躺在地上的狮子。相传当年八仙腾云驾雾路过这个地方的时候，被这里的美景深深地吸引了，就停下来观看欣赏，就把这座小山取名为"狮球山"。

现在的献山庙宇就坐落在狮子奶堂①这个地方。这个地方离缙云县城二十三公里，坐落在胡源、溶江两乡交界的地方。这里的风光非常优美：四周都是悬崖峭壁和很深的山谷，一块一块很大的石头高高地竖立着，有很多稀奇古怪的石头，形状多种多样；古树高大，松树毛竹，郁郁葱葱；山上常年有烟雾，环境非常清静。献山好像一块大磁铁，周围的山脉好像都被它吸引着，因此有"万象齐登②"的吉祥说法。这个地方上面吸收日月的灵气，下面连接山水的美丽。四面都被著名的山峰包围着，远远看出去，可以看到每座山的景色：东朝越王山，西对大学山，南向石牛山，北望白水山。向下看，就可以欣赏近处田园山水的美景：附近的村庄，田园房屋，有的整整齐齐，有的相互交错，很好看；鸡啼和狗叫都能听得到，能看到烧饭的炊烟慢慢升起；一座座青山高高低低，一条条水流弯弯曲曲，一条条道路通向各个地方。这么多的美景，都能一一看到，使人看在眼里，乐在心头，感觉非常愉快，真正有做神仙的感觉。

---

① 奶堂：指两乳之间或乳房附近。
② 万象齐登：四周的山脉，向中心汇聚。

庙宇周围有四条都叫"寨岭"的古道通到四面八方，大家上寨都是通过这四条古道：东边通到岩坑、岭脚吴村；南边通到招序村①；西北通到东山、章村村；东北通到田洋、新宅村。古道基本为陡峻的石头台阶，较少平坦的路，都是利用附近没有经过打制的岩石铺设，朴实自然。路边山势险峻。古道平时过往路人较少，加之生态环境不断改善，草木茂盛青葱。一年四季，景色优美：春天草木抽青，鸟儿鸣叫，花香扑鼻；夏天松树毛竹青翠，凉风徐徐，清静舒适；秋天山果飘香，野菊开放，满树红叶；冬天霜雪冰锥，雾凇高挂，一片银白。人们在其中走路，是一种享受，心情愉快，原来的疲劳也消失了。四条古道的中途，都建有凉亭供人们歇息避雨乘凉。招序方向的长龙岭凉亭，曾几度倒塌又几度兴建。现存的凉亭，是招序村 98 岁孤寡老人陈德溪，通过写缘乞讨，省吃俭用，燕子做窝一样，经过千辛万苦，在 20 世纪 90 年代初建成。因为以前的土木结构容易损毁，所以采用石墙，水泥板盖顶②。还有许多破损的路段，也是他出资修补，因而受到大家的广泛赞誉。"文化大革命"之前，在庙会的前几天，附近各村都会组织热心公益的人无偿突击清扫修补这些古道，保证通畅。现在，招序村和东山村的热心人通过写缘筹款，在通往招序村和东山村方向的两条古道铺设浇筑了石板或水泥台阶，平整宽敞美观，但古道原有的朴实自然的样子消失了，真是难以两全其美。从招序村起步，一点五公里的车路已延伸到一个风光优美的叫麻风岩的地方③，车路绕道太公

献山庙百年红豆杉

献山古道（招序段）

献山古道（东山段）

① 该处与省道坦五线在 21.5 公里处相接，车路沿途安装了路灯。
② 现在已改为琉璃瓦。
③ 该段为招序村到献山庙路程的一半。

山，盘旋而上，沿途有毛蒲团、招序水库、井田游梯田、长龙山等景点；麻风岩的山包上修建了停车场和亭台。人们可以在这里停车，做短时间休整，更可观看欣赏四周迷人的风光。将来车路还要延伸到长龙岭头，到那个时候，一下车，距献山庙宇也只有一公里远的小路了。通往东山方向的古道边上，修有两座美观的亭台，途中还有光背垅、白垅和百步峻等景点。

据说现在献山庙宇的这个地方，以前曾做过尼姑庵，叫"西鸳庵"，很兴盛。后来不知哪里冒出一伙强盗，强行赶走尼姑，占庵堂为山寨，从此才有了"山寨"这个名称。政府派兵剿灭强盗后，山寨地盘由胡源乡东山村村民张庄成交纳钱粮，从此"山寨"姓了"张"，成了"张山寨"。这个名称与后来的"献山庙"一直延用到现在，民间使用"张山寨"这个名称多一些，本地人简称为"寨里"，去张山寨称"上寨"，如上寨迎案，上寨拜娘娘等。

据传说，明朝洪武七年（1374），已经成为神仙的陈十四娘娘在剿妖灭怪时，路过现在的胡源乡一带，曾显灵现身救了胡源乡东山村张希顺的六岁儿子[1]，并借这个机会向张希顺表达求一块地建庙的愿望。张希顺感谢她救了自己的儿子，非常感动，答应在张姓的山地上任由陈十四娘娘挑选庙址。陈十四娘娘选中了现在庙宇的这个地方。于是张希顺就献出了这块山地，修建了庙宇，泥塑陈十四娘娘金身供奉。从此以后，"张山寨"与"大亲娘"连在一起了，就改称"张山寨"为"献山庙"。从此香客不绝，烟火不断。

采访者：庙宇中，除陈十四娘娘外，还供奉了哪些神祇？

胡文相：庙宇中除供奉陈十四娘娘外，同时供奉与陈十四娘娘关系密切的李十三、陈十五、林九姑、马氏、葛氏[2]等五位天仙娘娘，所以就有"六位天仙娘娘"的说法。古代庙宇的体例是男庙里不供奉女神，女庙里不供奉男神。献山庙属于女庙，所以在古代是没有男神的。后来不知什么原因，增加了陈靖姑的兄弟陈法清、陈法通和

---

[1] 据说东山张希顺，有年春耕大旱，无水插秧，带着六岁儿子仲立到张山寨北海洞附近的狮子坞放塘水耕田，塘水放干了，田还是不能翻耕。此时，石上村大批村民来到墨黑洞求雨。陈十四娘娘化作凡人，混在求雨的人群中，张希顺父子也来凑热闹，与陈十四交谈。忽然间，张希顺的儿子不见了，甚是焦急，找遍了附近所有地方都没有找到。急忙回过身来问陈十四："我的儿子失踪了，怎么办？"陈十四掐指一算，说："不会失踪，你再找一下吧！"张希顺便回到塘边一叫，儿子居然在塘后坎回应了。于是陈十四向张希顺提出索地建庙的要求，张希顺感激涕零，欣然应允。

[2] 另一说是指"金凤英"。

六位天仙娘娘，从左到右：林九姑娘娘、马氏娘娘、陈十五娘娘、陈十四娘娘、李十三娘娘、葛氏娘娘

其他诸如送子娘娘、土地公公、土地婆婆、医家朱丹溪先生、陈义相公[1]、财神爷等诸位神祇，成了现在的这个规模。看来神灵文化也是不断发展变化的。

采访者：据说献山庙在发展的过程中，曾经为此打过官司，您能谈谈这方面的情况吗？

胡文相：献山庙场地狭小，但有限的场地还是经过激烈的争斗才得到的，可以说发展是很不容易的。原住民鲍姓人为了生存，不断扩张"领地"，蚕食庙宇周边张姓山地，擅自劈地开田，造房建屋。双方因此多次发生争执，甚至大打出手。清朝嘉庆年间，东山张姓代表张维雄与献山鲍姓代表鲍勤佐在县衙打了多年官司而没有结果。当时双方官司都打得"精疲财尽"，鲍勤佐是一边讨饭筹资一边打官司，张维雄是一边砍树出卖筹资一边打官司。正当官司打得难解难分时，雅江贡生江绍淹向知县刘廷飏进言："张鲍两姓争执地盘事小，奉祀陈十四娘娘事大，应扩大庙宇地盘。"[2]于是刘知县判东山人献出以大殿为中心，四周（半径）三十丈范围的土地，供扩建庙宇之用；而

---

① 陈义相公：据说是陈十四娘娘的父亲。
② 光绪版《缙云县志》有记载。

大殿下厅

鲍姓人在此范围内造房种植，东山人也无权干涉了。这个判决一直到现在还有法律效力。刘知县赠送亲自书写的"献山庙"三字匾额一块，"张山寨"因此改名为"献山庙"。这是从张山寨到献山庙的又一种说法。人单势孤的献山人托大亲娘的洪福打赢了官司，也为献山庙的进一步发展创造了极为有利的条件。

献山庙宇从明朝洪武年间初建一直到今天，经过六百多年，历尽沧桑，多次损毁，多次重建或修理。庙宇及附属建筑，经历代不断扩建，规模逐渐完整，布局合理。明嘉靖年间，扩建大殿上下厅各五间。明万历三年（1575），下厅重修，扩建三层楼五间，在大殿前建戏台三个。后庙宇损毁，清道光四年（1824）重建。道光八年（1828），江绍淹募集资金续建；清朝咸丰九年（1859），以章村与姓王两村为首，兴建翘角戏台一座；同治七年（1868），胡肇修、蒋清涟等人捐资重修。胡村胡含宏独资造了三座戏台，独资铺设大殿前面的石板台阶。这个规模和布局一直延续到"文化大革命"的时候被拆毁为止。

采访者：献山庙住民是怎么来的？他们的生活状况如何？

胡文相：献山庙是胡源乡招序行政村的一个自然村，有鲍姓居民常住。相传，当年有一庙祝，以庙为家，娶妻生子。他竟不知自己姓什么，既然是抱①佛（神）食饭，就姓"抱"吧，久而久之，就成了"鲍"了。传说的真假已经没有办法考证，但"抱佛食饭"倒是千真万确。他们历代四处募款，所得的大部分归为己有，还好像是名正言顺、理所应得的意思：认为这是"大亲娘"赏赐给他们的，就好像基督教中"上帝使我食"的味道，其他村的人难免有点眼红，曾嘲笑他们是"食佛屙②"；再是经营香烛、冥纸冥银、鞭炮爆竹等祭品的利润和香客的吃饭住宿费收入。他们的日子过得有滋有味，快乐自在，所以，其他地方的姑娘们有幸能上嫁献山自然村是很大的福气，美言为上寨"做娘娘"；而献山自然村的姑娘们，更是沾了大亲娘的

---

① "抱"在缙云话里有"依靠"的意思。
② 屙，缙云土话，念"ò"，粪的意思。食佛屙，这是一种带着讥讽口吻的说法，也就是依靠神佛生活。

老鹰岩

坐落在大殿天井的"仙飞石"

福气，身价大增，大有"大亲娘"的架子，就连出嫁时也一定要乘轿子。去献山迎娶新娘，都说成是"接娘娘"。"文化大革命"时期，庙宇神像被毁，彻底打破了"抱佛食饭"的现状，可以说是翻天覆地。庙宇重建后，又作为旅游景点由政府接管，就没有什么利益可以得到了，反而有些损失，如庙会期间踩踏了他们种的庄稼等，处境与当年相比，实在是一个在地下，一个在天上。因此献山自然村的村民纷纷移民或倒插门儿去了其他地方。也有长年外出不归的，因而村里的住户和人口不断减少。现在虽然登记在册的户口有六十四人，但常住人口只有十多人，显得冷冷清清。

采访者：现在大殿上下厅之间的天井上，有一块大石头，您能谈谈它的来历吗？

胡文相：献山庙宇在1965年春夏之间被拆毁。1966年8月24日（农历）傍晚六时光景，雷声隆隆，大雨倾盆，庙基后平缓的小山上飞下一块几万斤重的巨石，占据原大殿上下厅之间的天井。大家都感到很奇怪，都认为是"大亲娘"显灵。如果大殿和神像都还在，这样大的石头砸下来，就成了粉末了；如果不是落在天井，人们又不敢搬动，那以后怎么重建大殿呢？这真是天意啊，人们就更加信仰大亲娘了。那块富有灵气的大石头仍然保留在原地，享受人间烟火的供奉和善男信女的膜拜。胡村胡裕方在上面刻写了"仙飞石"三字，现在已成为一大景观，更是献山庙历史的见证。

九、十四娘娘的传说

采访者：献山庙会有几百年的历史了，当地有陈十四娘娘如何

匾额

显灵献山庙的传说故事，您能举例谈谈吗？

胡文相：陈十四娘娘显灵的故事很多，有古时候的，有现代的，有发生在其他地方的，也有发生在邻近的。陈十四娘娘在显灵献山庙之前，已经有很多故事了。传说在南宋宋理宗当皇帝的时候，很长时间没有皇子出世，皇上忧愁得吃不下饭，睡不着觉。听说古田的女神陈靖姑专管民间生育，宋理宗便派人前往福建古田临水宫，祈求陈十四娘娘保佑皇后早生太子。一年后皇后真的怀孕，皇上很高兴。后来皇后难产，又是陈十四娘娘显灵救产，帮助皇后顺利生下太子。理宗大喜，就封陈十四娘娘为"顺懿夫人"，赐封临水宫为"顺懿庙"。敕封那日，天下庆祝。同年朝廷诏书古田知县洪天锡，全面修理扩建临水宫。后来各个朝代对临水宫修理、扩建，对陈十四娘娘的敕封就有十多次。陈十四的事迹和威名很快流传到附近地方，成了浙江、江西和台湾、港澳等地最有影响力的女神。各地纷纷建立庙宇，供奉敬拜。献山庙是浙南最有影响力的供奉陈十四娘娘的庙宇。

关于陈十四娘娘显灵献山庙也有多种说法，其中一种说法：在明朝洪武年间，已经成神的陈十四娘娘在剿妖灭怪时，路过现在的胡源乡一带，曾显灵现身救了胡源乡东山村张希顺的六岁儿子，并借机向张希顺表达索地建庙的愿望。张希顺感恩戴德，答应在张姓的山地上任由陈十四娘娘挑选庙址。张希顺献地修建庙宇，塑造娘娘金身，虔诚供奉。民众敬仰陈十四娘娘，亲昵称她为"大亲娘"。"大亲娘"之名在民间流传的范围很大，男女老少都知道。

显灵献山庙还有另一种说法：在明朝的时候，胡村、茶川等许多地方，麻痘出得很厉害，死了很多孩子。那个时候，医药很落后，大家没有办法，土话叫作"无法，求菩萨"，村里几个热心人商量了一下，就去青田石帆，把陈十四娘娘神像接到胡村来，青田到胡村大概有两百来里路，来回都是走山路，不像现在的大路。夜晚回来，那时夜里走路都是点蜡烛照明，到木槐岗的时候，离胡村还有二十多里路，就在这个时候蜡烛快点完了，剩下小半支蜡烛，天还没有亮，按照蜡烛平时燃烧的速度，肯定点不到胡村，怎么办呢？大家只好求助陈十四娘娘，就向她说卦，祈求保佑，说卦后，那支蜡烛就烧得很慢，走了二十多里的山路，一直点到胡村都还剩余一小截。把陈十四娘娘接到胡村后，供奉在一个大名堂的司间上，村民们纷纷来祭拜，出麻痘的孩子慢慢地都好了，都平静下来了，大家就更相信陈十四娘娘了。后来想把陈十四娘娘送回去的时候，一根很粗大的轿杠都抬断了，娘娘轿还是一动也不动，大家才知道，陈十四娘娘喜欢胡村这个地方，不想回去了，于是就留下来了。后来陈十四娘娘托梦给有些人，说要去寻找庙址。开始有人见她坐在古远塘[①]的牛奶莓[②]刺上察看，大家以为她选中了这个地方。当人们把造庙的木料运到这里的时候，结果木料都很奇怪地搬到了张山寨的刺[③]窠里了，大家才知道她喜欢的是张山寨这块风水宝地，就是现在的献山庙。于是也有了张希顺造庙的故事。从此以后，胡村人凡碰到疾病流行或天灾，都去献山庙接陈十四娘娘下来，保佑大家。

传说在长毛造反[④]时期，李世贤率领部下驻扎本县靖岳村，他们在全县各乡烧杀抢掠。当长毛要侵犯南乡时，章胡村组织以胡月芬为团长的民团防守在险要的唯一通道——盘溪插花墩岭。在长毛就要攻下插花墩岭的危急关头，团众大呼三声："陈十四娘娘，赶快来助阵！"这个时候，插花墩岭上空红光艳艳，金光四射，陈十四娘娘和众姐妹手执大刀列阵云头，大显神威：大刀一划，长毛人仰马翻；神鞭一抽，喝令三声，满山野草杂木一下子化为石块砸向长毛，长毛就败退了。事后，有人亲

大亲娘造型

---

① 古远塘：是一地名。
② 牛奶莓：即覆盆子。
③ 刺：即荆棘。
④ 指太平天国。

眼看见大亲娘端坐在大刀尖上，不慌不忙地梳头、缠脚。原来这个时候还是早五更，大亲娘匆匆忙忙来助阵时还没有梳妆打扮呢。在这个时节，全县只有章胡村躲过了长毛的烧杀抢掠，成为一处大家避难的地方。本县有大批逃难的人逃到张山寨，要求大亲娘的保护；或到张山寨附近的章胡村一带投亲靠友，平安度过了这场灾难。当时有民谣说："大麦出头一撮毛，长毛反来无处逃；逃到章胡村，守在插花墩；投靠大亲娘，性命有保障。"从此以后，大亲娘就更加远近有名了。

此外，在永康、武义、温州等地也有大亲娘显灵救人的传说。传说武义某村有个小孩患鲤鱼黑斑病，多处求医，都没有效果，生命很危险了。大亲娘化作一妇人对孩子的父母说："这孩子的病用水里的寒草（水草）包裹全身就会好。"对方问她是哪里人，她回答说是"缙云张山府人"，说完人就不见了。孩子用了这种水草，果然治好了病，孩子父母为了报恩，在缙云到处找"张山府"，结果都没有找到，最后找到了"张山寨"，并且看到座上娘娘的坐像与当时那妇人的长相非常相似，马上就想通了：原来是这样！在杭州也有这样的传说，说某人出麻痘，麻没有出到脚，这是很危险的，大亲娘化作一个女人，叫他们用栗子壳煎汤给孩子喝，麻就会出到脚[①]。当问她是什么地方人的时候，她说自己是献山府人，后来那人到处打听献山府，结果只找到献山庙，才知道她是神灵。为了报答大亲娘，就造了一座大钟援助献山庙。这口大钟在"文革"时期被毁坏。

其他大亲娘应验和显灵的事还有很多，在这里就不多讲了。当然，这些传说故事也可能是某种巧合，不一定都是神灵的意思，可能有一些猜想的东西，如"大亲娘杀长毛"的故事也可能是为了鼓舞群众士气而编造出来的。但人们大多存在惩恶扬善、善恶有报的愿望。因而这些故事被大家添枝加叶，传得真的有那么一回事一样，很神秘的样子。

---

① "麻出到脚"就是麻从头部或上身发到脚部，也就没有生命危险。

第四章　周边采访

一、缙云县民俗文化研究者陈喜和：在村民的眼里，他就是迎案的象征，他就是庙会的灵魂

采访者：陈老师，请您谈谈胡文相老师与张山寨七七会的关系。

陈喜和：说实话，胡文相对迎案的具体操作不是很内行，他的作用主要就是组织。在村民们的眼里，把胡文相与迎案等同起来，迎案少不了胡文相，胡文相离不开迎案，他就是迎案的象征，他就是庙会的灵魂。胡文相在胡村村乃至整个胡源乡的迎案中所起的作用，近期内是无人可以替代的，对以后也必将产生深远的影响。主要表现在以下几个方面：

敬业精神。他对大亲娘是从心底里敬仰的，始终相信迎案会给全乡、全村以及自己带来好运，因而他对迎案活动是全身心地投入，把迎案工作看作是自己的工作，一丝不苟，虔诚之至。大家可以对他冷嘲热讽，甚至谩骂羞辱，他也不为所动，仍我行我素；但如果对大亲娘有什么不敬或有不利于迎案的言行，那他肯定要与你死怼到底，没有商量的余地。

坚韧毅力。有志者事竟成。在组织迎案中，面对一系列的诸如资金缺乏、人员短缺、各村之间的疙瘩、一些村民的闲言碎语等问题，他没有在意，没有退缩，而是凭借自己坚韧不拔的毅力予以克服，按照自己的思路开展工作。

勤勤恳恳。七七会期间，他早出晚归，甚至彻夜无眠，打锣或用广播通知，不计报酬；动员村民参加案队，苦口婆心；协调各村或各案队工作，不厌其烦。

凝聚作用。他在村里不是干部，也没有很高的威望，但他的作用绝对不比干部小。许多村民对他有些小看，甚至指手画脚、出言不逊。胡文相对此没有当回事，没有与人家计较，总是做着他认为该做的事。在他的精神感召下，大家说归说，都会服从他，一看到他，就会想起迎案，在他的动员下，就会自然而然地参加案队。

二、胡村庙会知情者胡鲍进：热心为迎案，迎案为大家

采访者：胡老师，您与胡文相是一个乡的人，也是七七庙会的主要人员，您对胡文相在七七庙会传承发展中的作用是怎么看的？

胡鲍进：胡源乡有三个案坛，只有胡村村案坛是参加七七庙会的。胡村村案坛原来有六个首事村（胡村、茶川、潜源、柘岙口、蛟坑、上坪）和三个参与村（沿路头、北坑、下寮）。因历史原因，潜源、蛟坑和上坪村相继退出，北坑和下寮村因为不同乡了，路途较远，现在也不参与了。现在只剩下胡村、茶川、柘岙口三个首事村和沿路头一个参与村。在每年一届的七七庙会中，四个村必须协作，统一步调，有序开展。

在每年的庙会中，各村之间难免会有些矛盾，这就需要一个各村都能接受的人进行协调，胡文相就是这样一个人。他一心为了做好迎案工作，听得进各方面的意见或建议，受得了四面八方的闲言碎语，可以说是"大肚能容"。每三年中，胡村轮到两年做首事村。胡文相

采访胡鲍进

义务劳动不说，还要倒贴，比如轮到做首事村，每年去献山庙接娘娘的日子拣择后，都是自己掏钱买来红纸，叫别人写好，再亲自陆续送到各个村里去，并趁此机会，与各村主事或迎案爱好者交流经验，探讨在迎案中会出现的问题，加强感情联络。同坛会案和献山庙会会案也是胡文相在起作用：确定初五早上的具体时间和各表演队的先后次序；约定七七庙会日上寨的大致时间，并且组织在献山庙古道滴水岩旁边等待会齐各案队；安排好本案坛案队在献山庙会案竞技时的先后次序；做好与溜江乡案队的协调工作。所有这一切，都离不开胡文相的运作。

近几年来，他年老体衰，力不从心，因而庙会就较少举行了，即使举行，质量也大不如前了，事实证明了胡文相在迎案中的积极作用。

三、胡村七七庙会组织者之一胡锁官：不辞辛劳，募集庙会钱物

采访者：胡老师，您与胡文相都是七七庙会的组织工作者，在您与胡文相的接触中，对您印象最深的是什么？

胡锁官："文化大革命"前，胡村在每年举办庙会前，一切费用都是通过村民摊派或募捐筹集的。"文化大革命"期间及之后，庙会停办二十多年，一切传统规制被毁。改革开放后，开始恢复迎案。但是时过境迁，人事大变，所有的规制没有恢复或重建，没有资金来源。庙会所需要的资金，就全靠组织者募集解决。

募集（土话叫"斗"或"兜"）可不是一件容易的事，经办人必须要有耐性和韧劲，胡文相就是最合适的人选。他把举办庙会看成是自己的事，在筹备期间，他日复一日，提着箩篓或布袋，挨家挨户地上门催要。说得难听一点，真有点像要饭的样子。经过"文化大革命"，许多人对迎案的认同感也有所下降，即使有钱物，也不会轻易地捐献。比较干脆地捐出钱物的人家不多；有些人家，存心让你反复地跑好几趟，才肯捐出，也还算好；特别是有些人家不仅不捐，

采访胡锁官

发牢骚，还冷言冷语讲一些风凉话，甚至一看到胡文相来了，就辱骂，就关门躲避。胡文相可不管你这些，你骂他，一方面他耳聋，听不大到，即使有点听到了也不计较，还把对方的话往好的方面理解。比如有个人对他讲"弗捐，莫啰嗦"，胡文相听成了"要捐，捐苞萝（玉米）"，就马上接着说"哦，好的，好的，苞萝也要"，对方再也没有退路了，自己也感到有点不好意思了，只好捐出一定量的玉米。就这样，胡文相忍辱负重，只要能募集到庙会钱物，只要庙会能顺利地举办，叫他干什么都愿意，再苦再累也心甘。

可以这样说，那些年，张山寨七七庙会，没有胡文相，是办不了的，即使办了，也不可能办得这么好，近几年来的事实就完全可以证明。

四、胡村案坛接娘娘的组织者潜益仙：热心公益，义无反顾

采访者：潜老师，请您谈谈您知道的有关胡文相为人的一些事情。

潜益仙：好的。胡文相是张山寨七七庙会的国家级代表性传承人，大家一般都知道他对迎案的贡献，却很少知道他除了做好迎案工作外，他为村里所做的公益事业。

以前，我们这一代人靠农业吃饭，而农业的收益又要靠老天爷照顾。在天大旱的时候，胡文相就积极地组织人员，去献山庙北海洞偷偷地抬来北海（据说是北海龙王的第二个儿子）供奉，举行求雨仪式，十有八九灵验。在七七庙会前，如遇大旱，胡文相就提前组织人员对胡村娘娘宫前的水池进行清淤工作。因为一开始清淤，老天基本会下雨，以此缓解旱情。

修建胡村娘娘宫或戏台，他都积极参与筹划，参与工地的协调和管理，并参加义务劳动。

村里遇到有什么困难，他都热心地参与想办法。比如2003年爆发的"非典"，人心惶惶。缙云土话讲"无法，求菩萨"，在没有其他更好办法的时候，只得把希望寄托在大亲娘的身

采访潜益仙

上。胡文相首先提出建议，去献山庙，把大亲娘的神像请下来供奉，以保佑全村的平安，度过这次劫难。在得到有些人的响应以后，就相约几个热心公益的人，去献山庙抬来了神像，供奉在娘娘宫。村民们纷纷前来祭拜。最起码，给大家一种心理上的依靠，一种精神寄托。果然，胡村人，不管是从北京还是广东或是别的什么地方回家，都平平安安，没有一个人得过这种病。人们都说，这全靠大亲娘的保佑。而大亲娘能到胡村保佑大家，又全靠胡文相的热心。

十几年前，胡村造了大桥殿，泥塑了紫微大帝和桃花女的神像，正逢胡文相妻子大病，他仍坚持每天晚上去殿里上灯。有天晚上，妻子央求他陪陪她，要他叫别人去代一下，就在那天晚上，他的妻子去世了。

五、茶川村七七庙会组织者潜祖生：动员村民参加庙会是一门技术活

采访者：潜祖生老师，您是茶川村七七庙会的组织者，与胡文相老师接触比较多，他在参与组织七七庙会时给您留下什么印象？

潜祖生：每年临近七七庙会，每个案队的负责人都要对参与人员上门摸底登记落实，大部分的村民都能自愿参加的。因各种原因，有些村民犹豫不决，需要动员才会参加。动员需要方式方法，在这方面，胡文相做得很好，值得组织庙会者们学习。他在做动员工作的时候，很讲究方式方法。我看到他用了这样一些方式方法：

首先要看对象，他利用人人都喜欢听好话的特点，有针对性地做工作。比如对方本人或家里人是做生意的，或者是外出打工的，就说"参加案队迎案后，大亲娘会关顾你发财的"，等等。并根据对方实际所做的活计来劝说，如果是做放香菇等副业的，就说"你的香菇原来每段料只能长二十个，迎案拜了娘娘后，每段料就会长出三十个了，你想想，你有上千段，一共增加了这么多"；如果家里不是很顺利的，就说参加迎案后，一切都会好起来；如果对方是未婚男女，就说，迎案后，大亲娘会保佑你得到美满的婚姻

采访潜祖生

的；等等。一般人都喜欢听吉利的话，尽管双方也知道不可能都是真的，但都宁可信其有，不愿信其无，他们一般都会顺水推舟，前来参加。

抓住重点，先易后难。有好几个对象需要动员的，往往其中有一两个有些能量，起的作用比较大，大家都看他们的，那就要想办法做通这些关键的人的思想，问题就解决了；或就先动员那些容易的，只要几个做通了，后面的工作就顺利了。

欲擒故纵，不急于求成。有些人，你天天上门做他的工作，他就以为自己了不得，没有他就成不了事，于是架子就大起来，你越做他的工作，他越忸怩作态。这个时候，他就停一停，冷静一下，让他看看，没有他也可以。他就会感到有一种失落感，说不定不久后他自己就会找上门来了。

一把钥匙开一把锁。他对不同的对象，就派说得上话或者说了听得进去的人去做工作，往往事半功倍，效果显著。

他还有很多其他的方法，在这里就不一一举例了。

六、沿路头村庙会教练、组织者周子生：既要传承，也须改革

采访者：周老师，您是七七庙会的组织者，直接经历了许多次的七七庙会活动，您对七七庙会的传承发展有哪些想法？

周子生：献山庙会传承了几百年，经历了几次大的改革。中华人民共和国成立后，主要改革了只有男人才可以参加庙会的格局，但罗汉队始终还是清一色的男性。改革开放后，恢复了七七庙会，又出现了许多新的问题，胡文相会同各村的组织者，一一加以解决。

首先，成立女子罗汉队。改革开放后，由于大批男性外出打工或在家也不愿参加等原因，罗汉队人员严重不足。针对这个现状，胡文相会同本案坛各村首事，商讨应对办法。在胡文相的提议和支持下，沿路头村尝试着建立了女子罗汉队，一举成功，成了七七庙会中的压轴节目。女子罗汉队多次参加省、市、县组织的大型文化展示展演活

采访周子生

动，尽展巾帼风采，成绩骄人，得到社会各界的普遍好评，为胡源乡乃至缙云县的文化建设做出了贡献。在 2017—2018 年间，先后四次荣登央视，并分别在全国乡村春晚启动仪式《亿万农民的笑声——2018 全国农民新春联欢会》《中国影像方志·浙江缙云篇》《丰收中国》等节目中精彩亮相。中央电视台科教频道《探索·发现》栏目组专程到胡源乡抢救性拍摄国家级非遗项目"张山寨七七会""迎罗汉"等纪录片，其中相当部分为女子罗汉队的内容。

采访周子生时，与摄制组留影

其次是改革庙会筹集资金的办法。庙会的资金历来靠摊派或募捐等筹集，随着形势的发展，特别是戏金大幅上涨，人员分散等原因，再用老办法，已无法解决。21 世纪初，在胡文相的倡议下，每年由原来摊派或募捐庙会资金的办法改为由村里 50 岁的人（不分男女）负责庙会资金。他们最主要的职责是筹款，他们自己每人无条件先捐资 500 元，每位村民捐资 5 元，不足部分，由他们自己平摊或想其他办法。每年轮到的人积极性都很高，如果款筹多了，可以加演几夜戏，自己感到自豪，也赢得大家的称赞。有些在外的 50 岁人，如不按时回家履行职责，则委托他人操办，自己多出一定的钱币。

第三是建立文化组织。为了加强包括七七庙会在内的文化建设，在胡文相的提议和关心下，近几年来，胡村村相继建立了胡村村文化研究会和胡村村文化志愿者协会，把那些有一定的文化水平和热心庙会的人都组织起来了，强有力地带领着胡村村甚至整个胡源乡文化事业的发展。

第四是废除陈规旧俗。以前本案坛会案，每到一个村表演后，都要无条件地先回案坛村（首事村），然后再出发到下个村，如此循环往复，加之天气炎热，把人折腾得筋疲力尽，甚至中暑倒下。胡文相开始做首事后，提议废除这一旧俗：一村表演后，不回首事村，就到附近的村表演，直到那个方向的村都表演完了以后，再回首事村。

附　录

胡文相大事年表

1931 年　6 月 18 日出生在浙江省丽水市缙云县胡源乡胡村村一个贫困农民家庭。

1938 年　开始在胡村小学读书三年。

1940 年　开始跟随胡恭才等学习迎案，参与"张山寨七七会"等多种民间艺术表演活动。

1942 年　小学辍学后，连续八年在家务农，以打柴、放羊和协助父亲担货物度日。

1950 年　去龙泉谋生，连续十年在龙泉林业局和龙泉林场等单位工作。

1956 年　8 月，开始服预备役。

1960 年　大办食堂。由于父母年老力衰，参加不了集体劳动，领不到食堂的羹票，为了父母，被迫从龙泉回到老家胡村村。

1965 年　经姑姑撮合，娶妻结婚。

1969 年　大女儿出生。

1970 年　由于欠生产队缺粮款，分不到粮食，开始带着妻女去武义、永康等地要饭三年。

1972 年　二女儿出生。

1977 年　儿子胡红强出生。

1978 年　开始改革开放，民俗文化复兴，老一辈迎案组织者胡恭才培养他主持迎案工作。那一年，负责组织迎龙灯，龙灯迎到县城，受好评。

1982 年　在"张山寨七七会"活动中担任胡村点首事。从此至 2019 年 7 月 26 日辞世为止，在传承原生态活动习俗等方面做出贡献。

2006 年　正月，妻子去世。

2007 年	连续三年，搜集相关资料，积极配合并完成县文化主管部门做好"张山寨七七会"国家级非遗名录项目申报工作。
2009 年	9 月，被省文化厅认定为第三批浙江省非物质文化遗产项目"张山寨七七会"省级代表性传承人。
2011 年	年初，在县文广新局召开的全县非遗传承保护工作座谈会上，受到表彰，被评为 2010 年度非遗保护工作优秀代表性传承人。
同年	8 月，积极组织配合并完成省民俗文化促进会在缙云举办的省民俗文化保护传承座谈会，并到胡源乡胡村点考察"张山寨七七会"会案表演活动。
同年	12 月，被文化部认定为第三批国家级非物质文化遗产代表性项目"张山寨七七会"国家级代表性传承人。
2017 年	8 月，参加省非遗中心组织开展的国家级非物质文化遗产项目"张山寨七七会"代表性传承人抢救性记录工作。
2018 年	1 月，在胡村受到丽水市文化局副局长许卫东、丽水市非遗处处长周丽芬、市非遗干部黄来松的胡村慰问。
2019 年	7 月 26 日去世。

后 记

  胡文相老师是缙云县国家级非物质文化遗产代表性项目"张山寨七七会"唯一一位国家级代表性传承人。前几年，浙江省文化和旅游厅按照文化部的要求，对他进行抢救性采访记录工作。2017年7月，摄制组和采访人员前往胡源乡胡村村，开始此项工作。

  张山寨七七庙会，历史悠久，参加人数众多，程序繁复，案队庞大，何况采访记录的对象胡文相当时已是87岁高龄，极度耳聋，少言木讷，记忆力衰退，不懂普通话，口齿不清。因此，要做好这次采访记录工作并非易事。为便于沟通，请当地民俗研究者陈喜和老师以缙云方言进行采访。当胡文相知道要被采访记录，感到很兴奋，怕自己应对不了，便通知儿子回家，积极予以配合。在采访记录中，克服了重重困难，在他儿子的协助下，有些通过手势比划，采访记录了部分音像。在此期间，他翻箱倒柜，把自己用过的庙会道具一一寻找出来展示，并把自己的所有证书证件都翻出来，让大家过目。由于这次采访记录的信息量远远不够，陈喜和老师和摄影组在2018年七七庙会期间，又对其进行第二次采访记录。每次采访记录都是一小步一小步地进行，谈谈停停，停停谈谈，高兴时多谈，烦躁时少谈；有些问题还要循循善诱。有时，一个问题要耐心反复地问好几遍。鉴于胡文相老师的特殊原因，对庙会其他的组织者或知情人，又做了大量的采访记录。经过摄制组和采访者的不懈努力，最终圆满完成此项工作。经过口述访谈、项目实践、传承教学等内容的采访记录，特别是采访全部是用缙云方言进行的，因而又进行了工作量十分巨大的翻译整理工作，再到文字转录、校对编辑、审核等环节，前前后后花费了四年多的时间才形成本书文稿，成果可谓来之不易，字字饱蘸汗水，句句蕴含深情。

  胡文相老师一生坎坷，从小学艺，他对事业有着执着的追求，他无私的敬业之心、坚韧不拔的毅力、无形的人格魅力、核心的凝聚作用、任劳任怨的奉献精神、顾全大局的团结意识，在近期内无人能够替代。他不仅是七七庙会的传承人和组织者，更是庙会文化的化身，形成了缙云特有的七七庙会财富——胡文相精神；他的精神不仅影响着过去和现在，必定还影响着将来，乃至永远。

2019 年 7 月，本书材料尚在整理当中，惊闻胡文相老师驾鹤西归的噩耗，痛失"张山寨七七会"目前唯一的国家级传承人，感到震惊和惋惜。他对庙会所做出的贡献，大家将永远铭记在心，并对他表示最崇高的敬意！他的精神将永远激励着后人。同时也庆幸此次抢救性采访记录工作的及时。

对胡文相老师的采访记录和本书的编辑工作，得到了缙云县民俗研究者陈喜和老师的大力支持和帮助，得到了传承人本人、传承人家属、同事、学生，传承人所在地的缙云县非遗保护中心、胡源乡人民政府、献山庙管理委员会、举办庙会村庄干部群众的精诚配合。在此对所有关心、支持和帮助过的单位和个人表示衷心的感谢！由于此项工作尚无先例可循，编者水平有限，书中难免存在诸多不足甚至错误，恳请各位专家和读者批评指正。

编著者

2020 年 8 月

责任编辑：刘　波　唐念慈

装帧设计：薛　蔚

责任校对：高余朵

责任印制：汪立峰

图书在版编目（ＣＩＰ）数据

浙江省国家级非物质文化遗产代表性传承人口述史丛书. 胡文相卷 / 郭艺主编；王德洪编著. -- 杭州 ： 浙江摄影出版社，2022.11
　ISBN 978-7-5514-4244-2

　Ⅰ. ①浙… Ⅱ. ①郭… ②王… Ⅲ. ①胡文相－事迹 Ⅳ. ①K825.7

中国版本图书馆CIP数据核字(2022)第223320号

ZHEJIANGSHENG GUOJIAJI FEIWUZHI WENHUA YICHAN DAIBIAOXING
CHUANCHENGREN KOUSHUSHI CONGSHU

浙江省国家级非物质文化遗产代表性传承人口述史丛书
HU WENXIANG JUAN

胡文相卷

郭　艺　主编　王德洪　编著

浙江摄影出版社出版发行
　　　地址：杭州市体育场路347号
　　　邮编：310006
　　　网址：www.photo.zjcb.com
制版：浙江新华图文制作有限公司
印刷：浙江兴发印务有限公司
开本：787mm×1092mm　1/16
印张：6.5
2022年11月第1版　　2022年11月第1次印刷
ISBN 978-7-5514-4244-2
定价：68.00元